DAS HEILUNGSFELD DER TAO-KALLIGRAFIE

EIN INFORMATIONSSYSTEM MIT SECHS HEILIGEN TAO-TECHNIKEN FÜR IHRE SELBSTHEILUNG UND LEBENSTRANSFORMATION

DR. UND MASTER ZHI GANG SHA

Herausgegeben von Heaven's Library Publication Corp.
und Waterside Productions.

Heaven's Library   Waterside Productions

Heaven's Library Publication Corp.
30 Wertheim Court, Unit 27D
Richmond Hill, ON L4B 1B9 Canada
www.heavenslibrary.com
heavenslibrary@drsha.com

Waterside Productions
2055 Oxford Ave.
Cardiff, CA 92007
www.waterside.com

Übersetzt von: Travod International Ltd.
Überarbeitet von: Kirsten Ernst

ISBN: 978-1-949003-76-5 Print-on-Demand
ISBN: 978-1-949003-77-2 e-Book

Gestaltung: Lynda Chaplin
Illustrationen: Henderson Ong
Animationen: Hardeep Kharbanda
Audio: Zhi Gang Sha

Inhaltsverzeichnis

Übersicht der Abbildungen

Wie Sie die Übungen in diesem Buch durchführen

DIESES BUCH BEINHALTET WEISHEITEN, Erkenntnisse und viele Übungen für die Selbstheilung und Transformation Ihrer Gesundheit, Beziehungen, Finanzen und mehr. Tatsächlich sind alle meine Bücher eine Mischung aus Lehre und Übung. Übung ist wesentlich für die Selbstheilung und Transformation. Weisheit ohne Übung ist nur Theorie. Übung ohne Weisheit könnte fehlerhaft sein.

Das Buch beinhaltet über zwanzig heilige Übungen und kraftvolle Mantren, die ich von der Tao-Quelle gelernt habe. Ich freue mich, dass ich für Sie, liebe Leser(innen), animierte Videos in das Buch aufnehmen konnte, die Sie bei den Übungen unterstützen. In diesem Buch werden Sie in den wichtigsten Übungen Schritt für Schritt angeleitet. Ich singe auch die heiligen Mantren für jede Übung, sodass Sie tatsächlich jede Übung zusammen mit den Animationen und meinem Gesang ausführen können.

Üben Sie. Üben Sie. Üben Sie.

Erfahren Sie Selbstheilung.

Erfahren Sie Transformation.

Mit Liebe und Segen,

Dr. und Master Zhi Gang Sha

Zugang zu den Übungsvideos

Verwenden Sie den nachstehenden Link oder scannen Sie den QR-Code mit Ihrem Smartphone oder einem anderen geeigneten Gerät, um Zugang zu den Videos zu erhalten. Sie benötigen keine spezielle App.

https://tchf.heavenslibrary.com

So scannen Sie den QR-Code mit Ihrem Android-Gerät

1. Starten Sie die Kamera Ihres Geräts.
2. Richten Sie es auf den QR-Code.
3. Folgen Sie den Anweisungen, die auf Ihrem Display erscheinen.

So scannen Sie den QR-Code mit Ihrem iOS-Gerät

1. Starten Sie die Kamera Ihres Geräts.
2. Halten Sie Ihr Gerät so, dass der QR-Code im Sucher der Kamera erscheint. Ihr Gerät erkennt den QR-Code und zeigt Ihnen eine Meldung an.
3. Tippen Sie auf die Meldung, um den Link zu öffnen, der mit dem QR-Code verknüpft ist.

Einleitung

DIE MENSCHHEIT UND MUTTER ERDE befinden sich in einer besonderen Zeit. Viele Menschen stehen vor großen Herausforderungen im Bereich Gesundheit, Beziehungen und Finanzen. Viele schwere Naturkatastrophen ereignen sich. Überall auf der Welt gibt es politische und ökologische Probleme. Die Menschheit steht vor Herausforderungen für Seele, Herz, Geist und Körper.

Millionen von Menschen suchen nach Lösungen für ihre Probleme. Sie benutzen konventionelle Medizin, chinesische Medizin, komplementäre und alternative Medizin, Yoga, Reiki, Qi Gong, Tai Chi und mehr. Sie folgen den Lehren der Achtsamkeit, Meditation und allen möglichen spirituellen Methoden. Diese Lehren und Anwendungen werden von einer Reihe von Untersuchungen zu den Vorteilen der Energiekultivierung (Qi), Achtsamkeit, Meditation, Dankbarkeit, Vergebung und mehr unterstützt. Millionen von Menschen sind wirklich auf der Suche nach Heilung und Transformation.

Umfragen und Studien zeigen, dass Menschen viele Ressourcen—Geld, Zeit und Energie—auf der Suche nach Gesundheit, Wohlbefinden, Vorbeugung vor Krankheiten, Selbstheilung, einer gesunden Lebensweise und mehr aufbringen. Dies geht aus der Abbildung 1 über die globalen Ausgaben für Wellness im Jahr 2017 hervor.

Menschen wünschen sich inneren Frieden und innere Freude für ihre Gesundheit, Beziehungen, Finanzen und mehr. Wie können wir der Menschheit helfen, alle Arten von Herausforderungen zu meistern und inneren Frieden und innere Freude zu erreichen? Wie können wir inneren Frieden und innere Freude erreichen?

Globale Wellness-Ökonomie
US $ 4,2 Billionen im Jahr 2017

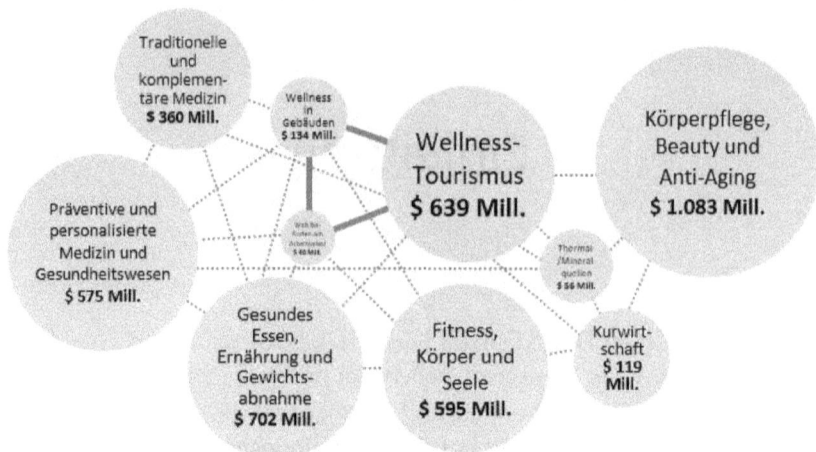

Traditionelle und komplementäre Medizin
$ 360 Mill.

Wellness in Gebäuden
$ 134 Mill.

Wellness-Tourismus
$ 639 Mill.

Körperpflege, Beauty und Anti-Aging
$ 1.083 Mill.

Präventive und personalisierte Medizin und Gesundheitswesen
$ 575 Mill.

Gesundes Essen, Ernährung und Gewichtsabnahme
$ 702 Mill.

Fitness, Körper und Seele
$ 595 Mill.

Kurwirtschaft
$ 119 Mill.

Thermal /Mineral quelle
$ 56 Mill.

Quelle: Global Wellness Institute, Global Wellness Economy Monitor, Oktober 2018

Abbildung 1. Globale Wellness-Ökonomie

In dieser besonderen Zeit spüre ich, dass Sie, Ihre Familie, Gemeinde, Stadt, Ihr Land und Mutter Erde viel Liebe, Frieden und Harmonie brauchen.

Warum sind Menschen krank? Warum haben Menschen Beziehungsprobleme? Warum haben Menschen finanzielle Herausforderungen? In einem Satz zusammengefasst:

Herausforderungen im Bereich Gesundheit, Beziehungen und Finanzen bestehen, weil Gesundheit, Beziehungen und Finanzen nicht mit Liebe, Frieden und Harmonie im Einklang stehen.

Wie können wir Ihnen, der Menschheit und Mutter Erde Liebe, Frieden und Harmonie bringen? Wir können mit Meditation beginnen.

Meditation kann inneren Frieden und innere Freude bringen. Hunderte Arten von Meditationen wurden über tausende von Jahren entwickelt. Viele Meditationstechniken sind sehr kraftvoll, sie können die eigene Gesundheit, Beziehungen oder Finanzen transformieren.

In diesem Buch habe ich die Ehre, altehrwürdige und moderne heilige Weisheiten und praktische Techniken für die Selbstheilung und Transformation Ihrer Gesundheit, Beziehungen, Finanzen und mehr zusammenzubringen. Die Weisheiten und Techniken sind einfach und kraftvoll. Sie können Ihrer Gesundheit, Ihren Beziehungen und Ihren Finanzen schnell zugute kommen.

Herausforderungen im Bereich Gesundheit, Beziehungen, Finanzen und allen Aspekten des Lebens tragen blockierte Energien in sich. Die Blockaden erzeugen ein negatives Feld. Die Herausforderung sich selbst zu heilen und zu transformieren besteht darin, das negative Feld in ein positives Feld zu transformieren.

Dieses Buch vermittelt sechs heilige Tao-Krafttechniken — sechs heilige Techniken der Tao-Quelle, um ein positives Feld für Liebe, Frieden und Harmonie im Bereich Gesundheit, Beziehungen, Finanzen und allen Aspekten des Lebens zu erzeugen.

Altehrwürdige Weisheiten verweisen auf ein heiliges universelles Gesetz, dem Gesetz von Shen Qi Jing. Shen 神 beinhaltet *Seele, Herz und Geist*. Qi 氣 bedeutet *Energie*. Jing 精 bedeutet *Materie*. Das Gesetz von Shen Qi Jing besagt, dass alle Lebewesen und Dinge aus Shen, Qi und Jing bestehen und erklärt die unveränderliche Beziehung zwischen Shen, Qi und Jing. (Der Einfachheit halber werde ich im Folgenden „Shen Qi Jing" verwenden, um *Shen, Qi und Jing* zu bezeichnen.)

Einsteins berühmte Formel E = mc² beschreibt das physikalische Gesetz, demzufolge Masse und Energie gleich sind. Es besagt, dass das Äquivalent Energie (E) aus der Masse (m) multipliziert mit Lichtgeschwindigkeit (c) im Quadrat berechnet werden kann.

Dr. Rulin Xiu und ich begründeten die „Tao Wissenschaft",[1] eine Wissenschaft der Schöpfung und großen Vereinheitlichung, die wissenschaftliche und spirituelle Weisheiten zusammenbringt. Wir vermittelten der Menschheit die Formel der großen Vereinheitlichung S + E + M = 1. In dieser Formel

---

[1] Siehe *Tao Science: The Science, Wisdom and Practice of Creation and Grand Unification* von Dr. Rulin Xiu und mir (Cardiff, CA/Richmond Hill, ON: Waterside Press, Heaven's Library Publication Corp., 2017).

steht S für *Shen*, E für *Energie* und M für *Materie*. „1" repräsentiert das *Feld der Einheit der Tao-Quelle*, das Feld der großen Vereinheitlichung.

Tao ist die Quelle. Die Quelle ist Tao. Die Tao Wissenschaft erklärt, dass alle Krankheiten, alle Probleme und Blockaden im Bereich Gesundheit, Beziehungen, Finanzen und allen Aspekten des Lebens darauf zurückgeführt werden können, dass Shen Qi Jing nicht als Einheit ausgerichtet sind (S + E + M ≠ 1).

Ein Mensch besteht aus Shen Qi Jing. Ein Tier besteht aus Shen Qi Jing. Ein Ozean besteht aus Shen Qi Jing. Ein Berg besteht aus Shen Qi Jing. Städte und Länder bestehen aus Shen Qi Jing. Mutter Erde besteht aus Shen Qi Jing. Mutter Erde ist ein Planet. Es gibt unzählige Planeten, Sterne, Galaxien und Universen. Sie bestehen alle aus Shen Qi Jing.

Das Gesetz von Shen Qi Jing besagt außerdem:

靈到心到	Ling Dao Xin Dao	Kommt die Seele an, folgt das Herz.
心到意到	Xin Dao Yi Dao	Kommt das Herz an, folgt der Geist.
意到氣到	Yi Dao Qi Dao	Kommt der Geist an, folgt die Energie.
氣到血到	Qi Dao Xue Dao	Kommt die Energie an, folgt die Materie.

Ling Dao Xin Dao

„Ling 靈" bedeutet *Seele*. Sowohl die Quantenwissenschaft, als auch die Tao Wissenschaft, lehren über Information oder Botschaft. Meiner Meinung nach sind Information im wissenschaftlichen Bereich und Seele oder Spirit im spirituellen Bereich das Gleiche.

„Dao 到" bedeutet *ankommen*. „Xin 心" bedeutet *Herz*. „Ling Dao Xin Dao" bedeutet wortwörtlich *Seele oder Information kommt an, Herz kommt an*. Das sagt uns, dass die Seele der Boss ist. Die Seele lenkt das Herz. Das Herz ist mehr als das physische Herz. Es handelt sich um das emotionale und spirituelle Herz in allen Lebewesen und Dingen. Dieses Herz ist der Empfänger der Information oder der Botschaft. Wenn Ihr Herz nur zu zehn Prozent geöffnet ist, werden Sie zehn Prozent der Botschaft erhalten, einschließlich zehn Prozent ihres Nutzens. Wenn Ihr Herz vollständig geöffnet ist, werden Sie den vollen Nutzen der Botschaft erhalten. Darum ist die Öffnung des Herzens die heilige Weisheit und Übung für die Selbstheilung und Transformation aller Aspekte des Lebens.

Xin Dao Yi Dao

„Yi 意" bedeutet *Bewusstsein*, das oberflächliches Bewusstsein, tiefes Bewusstsein, Unterbewusstsein, minimales Bewusstsein, Wahrnehmungsbewusstsein und mehr umfasst. Schon seit dem Altertum werden diese alle mit „Yi" ausgedrückt. Yi kann auch *Gedanke* bedeuten. In der heutigen Zeit verbinden wir Bewusstsein und Gedanken—den Geist—mit dem Gehirn (Nao 腦). „Xin Dao Yi Dao" bedeutet wortwörtlich *Herz kommt an, Geist kommt an* oder *Herz kommt an, Geist folgt*. In anderen Worten: *das Herz gibt die Information oder Botschaft an den Geist weiter*. Der Geist ist der Prozessor der Botschaft.

Yi Dao Qi Dao

„Qi 氣" bedeutet *Energie*. „Yi Dao Qi Dao" bedeutet *der Geist gibt die Botschaft an die Energie weiter*. Energie ist der Antreiber.

Qi Dao Xue Dao

„Xue 血" bedeutet *Blut*, welches Materie repräsentiert. „Qi Dao Xue Dao" bedeutet *die Energie gibt die Botschaft an die Materie weiter*. Materie ist der Transformator.

Diese vier Gesetzmäßigkeiten von Shen Qi Jing—Ling Dao Xin Dao, Xin Dao Yi Dao, Yi Dao Qi Dao, Qi Dao Xue Dao—erklären die Beziehungen zwischen Shen Qi Jing. Diese Beziehungen können folgendermaßen verstanden werden:

- Ling (Seele, Spirit, Information): Inhalt der Botschaft
- Xin (Herz, Essenz): Empfänger der Botschaft
- Nao (Gehirn, Geist, Bewusstsein): Prozessor der Botschaft
- Qi (Energie): Antreiber der Botschaft
- Jing (Materie): Transformator der Botschaft

Dies ist die heilige Weisheit und Übung.

Die Seele sendet die Botschaft oder Information an das Herz, das diese an den Geist weiterleitet, der diese an die Energie weitergibt, die diese zuletzt an die Materie sendet und zu einer Handlungs-, Verhaltens-, Sprech- oder Denkweise führt. Nachdem die Materie die Botschaft auf diese Weise umgesetzt hat, wird die umgesetzte Botschaft (Handlungs-, Verhaltens-,

Sprech- oder Denkweise) als Feedback an die Seele gegeben. Die Seele sendet daraufhin eine neue Botschaft aus. Das ist der heilige Prozess, der im gesamten Wesen stattfindet.

Das Gesetz von Shen Qi Jing erklärt das Informationssystem in einem Lebewesen. Wie alles in der Yin Yang-Welt kann auch das Informationssystem in Yin und Yang, in das positive Informationssystem und das negative Informationssystem unterteilt werden.

Die heilige Weisheit dieses Informationssystems kann erklären:

- warum Menschen krank werden
- warum Menschen Herausforderungen in Beziehungen und Finanzen haben
- warum Menschen überhaupt Herausforderungen in ihren Leben haben

Das Geheimnis in einem Satz zusammengefasst lautet:

Alle Herausforderungen im Leben entstehen aus negativem Shen Qi Jing; alle gesunden Lebensumstände, innerer Frieden, innere Glückseligkeit und Erfolg entstehen aus positivem Shen Qi Jing.

Darum kann das Informationssystem auch erklären:

- wie Krankheiten geheilt werden können
- wie Herausforderungen in Beziehungen und Finanzen transformiert werden können
- wie jegliche Herausforderung im Leben überwunden werden kann

Die Selbstheilung und Transformation für das gesamte Leben einschließlich Gesundheit, Beziehungen, Finanzen und mehr können in einem Satz zusammengefasst werden:

Die Transformation des negativen Shen Qi Jing in positives Shen Qi Jing dient der Selbstheilung und Transformation des gesamten Lebens.

Frequenz und Schwingung erzeugen ein Feld. Die Frequenz und Schwingung von positivem Shen Qi Jing erzeugen ein positives Feld. Die Frequenz und Schwingung von negativem Shen Qi Jing erzeugen ein negatives Feld.

Da Shen Qi Jing ein Informationssystem bildet, ist Transformation wichtig für das gesamte Leben. Die Transformation des gesamten Lebens bedeutet, positive Informationen zu erschaffen. Dann werden ein positives Herz, ein positiver Geist, eine positive Energie und positive Materie folgen.

Die sechs heiligen Tao-Krafttechniken und die Weisheiten, die ich in diesem Buch vorstelle, erschaffen positive Informationen. Sie arbeiten zusammen, um ein positives Feld zu erzeugen. Die Anwendung jeder einzelnen dieser sechs Techniken ist kraftvoll. Die Anwendung aller sechs heiligen Techniken ist über die Maßen kraftvoll. Die Anwendung der sechs heiligen Tao-Krafttechniken könnte zu unvorstellbaren, herzergreifenden und herzbewegenden Ergebnissen bei der Transformation Ihrer Gesundheit, Beziehungen und Finanzen führen.

Dieses Buch ist einfach und sehr praktisch. Wenden Sie die Weisheit und die Übungen täglich an. Üben Sie mit den Animationen, die Teil dieses Buches sind und zu denen Sie Zugang erhalten haben, und chanten Sie zusammen mit mir. Üben Sie fünf bis zehn Minuten täglich und Sie können die Frequenz und Schwingung fühlen. Üben Sie eine Stunde täglich oder mehr und Sie können bemerkenswerten Nutzen für Ihre Gesundheit, Beziehungen und Finanzen daraus ziehen.

Eine altehrwürdige Lehre sagt: „Wenn Sie wissen wollen, ob eine Birne süß schmeckt, so kosten Sie sie." Wenn Sie wissen wollen, ob diese sechs heiligen Tao-Krafttechniken und Weisheiten kraftvoll sind, probieren Sie sie aus.

Die Tao-Kalligrafiekraft und fünf anderen Krafttechniken (Körperkraft, Seelenkraft, Klangkraft, Geisteskraft, Atemkraft) erzeugen ein positives Feld, das Ihnen bei der Selbstheilung und Transformation Ihres gesamten Lebens dienen kann.

Vor zwei Jahrzehnten gab ich der Menschheit diese Botschaft von der Befähigung der Selbstheilung:

Ich habe die Kraft, mich selbst zu heilen und zu transformieren.
Du hast die Kraft, dich selbst zu heilen und zu transformieren.
Gemeinsam haben wir die Kraft, die Welt zu heilen und zu transformieren.

Dieses Buch bietet die heiligen Weisheiten und die Techniken, um große Selbstheilung und Transformation zu erreichen.

Dieses Buch kann ein positives „Shen Qi Jing Feld" der Tao-Quelle erzeugen, um das gesamte Leben selbst zu heilen und zu transformieren.

Dieses Buch kann Sie anleiten, in allen Aspekten Ihres Lebens ein negatives „Shen Qi Jing Feld" in ein positives „Shen Qi Jing Feld" zu transformieren.

Dieses Buch kann der Menschheit und Mutter Erde helfen, eine „Liebe Frieden und Harmonie Weltfamilie" zu erschaffen.

Üben Sie. Üben Sie. Üben Sie.

Erfahren Sie Selbstheilung.

Erfahren Sie Transformation.

Ich liebe mein Herz und meine Seele
Ich liebe die ganze Menschheit
Vereinet Herzen und Seelen
Liebe, Friede und Harmonie
Liebe, Friede und Harmonie

Tao-Kalligrafie

KALLIGRAFIE IST EINE KUNST. Kalligrafie ist in der Weltgeschichte schon immer eine angesehene, künstlerische und kulturelle Ausdrucksform gewesen. Es gibt kaum ein Land, eine Schriftsprache oder ein Volk—heute und im Altertum—für die Kalligrafie nicht von Bedeutung gewesen ist. Unter ihnen sind die Chinesen, Völker aus anderen ostasiatischen und südostasiatischen Ländern, Tibeter, Kelten, Griechen, Perser, lateinische Schreiber, Deutsche, Italiener, Bengalen und viele andere.

Was ist Tao-Kalligrafie?

Tao-Kalligrafie basiert auf der chinesischen Kalligrafie. In der chinesischen Geschichte gab es viele Kalligrafie-Stile. Tao-Kalligrafie basiert auf einem Stil namens Yi Bi Zi (一筆字), was *Ein-Strich-Schriftzeichen* bedeutet. Ich lernte Yi Bi Zi von der inzwischen verstorbenen Professorin Li Qiuyun, der einzigen Halterin der Abstammungslinie des Tai Shi (太師), dem „obersten Lehrer" am kaiserlichen Hof des letzten Kaisers von China.

Yi Bi Zi bedeutet „Schrift des Einsseins". Im Chinesischen werden Schriftzeichen durch sechzehn mögliche Grundstriche gebildet. Diese Komponenten der chinesischen Schriftzeichen sind in etwa analog zur Funktion der sechsundzwanzig Buchstaben des deutschen Alphabets, obwohl das geschriebene Chinesisch logo-syllabisch ist, im Gegensatz zum Englischen.

Die 16 Grundstriche werden in Abbildung 2 auf der nächsten Seite dargestellt.

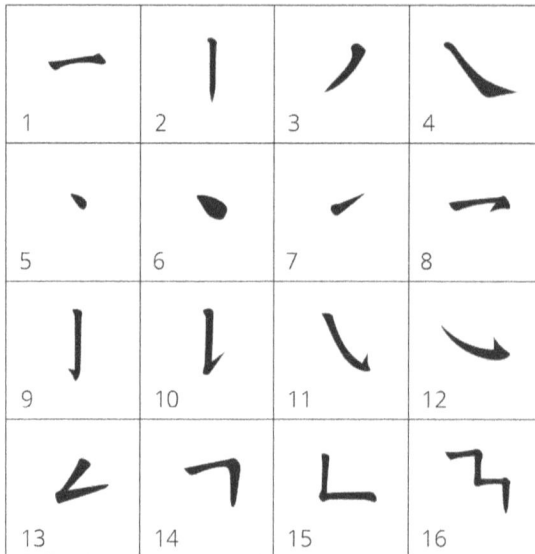

Abbildung 2. Die 16 Grundstriche der chinesischen Schriftzeichen

1. Héng (橫, horizontal, ausgesprochen *Hang*)
2. Shù (豎, vertikal, ausgesprochen *Schu*)
3. Piě (撇, nach unten und links, ausgesprochen *Pjä*)
4. Nà (捺, nach unten und rechts, ausgesprochen *Nah*)
5. Xiǎo Diǎn (小點, kleiner Punkt, ausgesprochen *Schi-jau Djän*)
6. Dà Diǎn (大點, großer Punkt, ausgesprochen *Da Djän*)
7. Tí (提, nach oben, ausgesprochen *Ti*)
8. Héng Gōu (橫鉤, horizontaler Haken, ausgesprochen *Hang Go*)
9. Shù Gōu (豎鉤, vertikaler Haken, ausgesprochen *Schu Go*)
10. Fǎn Gōu (反鉤, vertikaler Spiegelhaken, ausgesprochen *Fan Go*)
11. Xié Gōu (斜鉤, schräger Haken, ausgesprochen *Schje Go*)
12. Wān Gōu (彎鉤, gebogener Haken, ausgesprochen *Wan Go*)
13. Zuǒ Zhé (左折, linke Drehung, ausgesprochen *Zsuo Dsche*)
14. Yòu Zhé (右折, rechte Drehung, ausgesprochen *Yo Dsche*)
15. Xià Zhé (下折, Abwärtsdrehung, ausgesprochen wie *Schja Dsche*)
16. Lián Zhé (連折, mehrfache Drehung, ausgesprochen *Ljän Dsche*)

Lassen Sie mich Yi Bi Zi erklären. Das chinesische Schriftzeichen „Ai" (siehe Abbildung 3) bedeutet *Liebe*. In der normalen traditionellen chinesischen Schreibweise[2] wird dieses Schriftzeichen mit dreizehn einzelnen Strichen geschrieben. Yi Bi Zi verbindet diese dreizehn Komponenten in einem durchgehenden Strich. Das ist die „Schrift des Einsseins".

Abbildung 3. Das chinesische Schriftzeichen „Ai" (Liebe) in traditioneller Schreibweise (links) und Yi Bi Zi (rechts)

---

[2] Im Gegensatz zur vereinfachten chinesischen Schreibweise, die von der traditionellen Schreibschrift für „Ai" und von vielen anderen (aber nicht allen) Schriftzeichen abweicht.

Wenn ich eine Yi Bi Zi-Kalligrafie schreibe, trete ich in Verbindung mit der Tao-Quelle und mit heiligen Weisheiten, Prinzipien, Codes, Heiligen, Buddhas und mehr. Sie lassen das Shen Qi Jing der Tao-Quelle mit den Zehn Größten Qualitäten[3] der Tao-Quelle in die Kalligrafie fließen. Die Yi Bi Zi-Kalligrafie wird in eine Tao-Kalligrafie transformiert.

Kraft und Bedeutung der Tao-Kalligrafie

Eine kraftvolle altehrwürdige Weisheit lautet:

Shu Neng Zai Dao
書能載道

„Shu" bedeutet *Kalligrafie*. „Neng" bedeutet *fähig sein*. „Zai" bedeutet *tragen*. „Dao" ist die *Tao-Quelle*. „Shu Neng Zai Dao" bedeutet *Die Kalligrafie kann das Tao tragen.*

Tao-Kalligrafie ist die „Schrift des Einsseins". Im *Tao Te King* schrieb Lao Tse:

道生一	Dao Sheng Yi	Tao erschafft Eins
一生二	Yi Sheng Er	Eins erschafft Zwei
二生三	Er Sheng San	Zwei erschafft Drei
三生萬物	San Sheng Wan Wu	Drei erschafft Wan Wu (alle Dinge)

Tao ist die Quelle. „Eins" bedeutet *Hun Dun Yi Qi*. „Hun Dun" bedeutet *verschwommen*. „Yi" bedeutet *Eins*. „Qi" bedeutet *Energie*. „Hun Dun Yi Qi" bezeichnet den *Zustand des verschwommenen Einsseins*.

Tao ist der höchste Schöpfer. Tao erschafft Eins, das Hun Dun Yi Qi ist. Im Zustand des verschwommenen Einsseins gibt es zwei Qi: 清氣 Qing Qi und 濁氣 Zhuo Qi. „Qing Qi" bedeutet *sauberes* oder *leichtes Qi*. „Zhuo Qi" bedeutet *belastetes* oder *schweres Qi*. Diese zwei Qi sind vermischt. Sie werden nicht unterschieden oder getrennt. Das ist der verschwommene Zustand des Einsseins.

Eins erschafft Zwei. Dieser Zustand des verschwommenen Einsseins besteht seit ewigen Zeiten. Es wartet auf die Zeit der Qi-Transformation.

---

[3] Ich werde diese Zehn Größten Qualitäten der Tao-Quelle in Kapitel 2 erklären. Sie sind die Qualitäten des positivsten Shen Qi Jing.

Wenn die Qi-Transformation geschieht, steigt das Qing Qi (sauberes Qi) auf, um den Himmel zu bilden, und das Zhuo Qi (belastetes Qi) fällt herab, um die Mutter Erde zu erschaffen. Dies ist Lao Tses Weisheit über die Schöpfung von Himmel und Mutter Erde.

Zwei erschafft Drei. „Drei" bedeutet *der Zustand des verschwommenen Einsseins plus Himmel und Mutter Erde.*

Drei erschafft Wan Wu. „Wan" bedeutet *zehntausend,* was *unzählig* repräsentiert. „Wu" bedeutet *Ding.* „Wan Wu" bedeutet *unzählige Planeten, Sterne, Galaxien und Universen.*

Die Lehre von Lao Tse, dass Tao Eins erschafft, Eins Zwei erschafft, Zwei Drei erschafft und Drei unzählige Planeten, Sterne, Galaxien und Universen erschafft, ist der Prozess der „normalen Schöpfung des Tao".

Tao-Kalligrafie ist die „Schrift des Einsseins". Sie trägt ein Feld des Einsseins. Ich erhielt die Lehre und den heiligen Weg der Tao-Quelle, beim Schreiben von Tao-Kalligrafien das Shen Qi Jing der Tao-Quelle in die Kalligrafie hineinfließen zu lassen. Seit ich 2013 mit dem Schreiben von Tao-Kalligrafien begonnen habe, hat dies tausende von herzergreifenden und bewegenden Resultaten der Selbstheilung und Transformation von Gesundheit, Beziehungen, Finanzen und mehr bewirkt.

Warum werden Menschen krank? Warum haben Menschen Beziehungsprobleme? Warum haben Menschen finanzielle Probleme? Warum haben Menschen alle möglichen Herausforderungen im Leben? Ich habe in der Einleitung einen Einblick gegeben. Ich möchte es hier noch einmal betonen. Es kann in einem Satz zusammengefasst werden:

Alle Herausforderungen im Leben, sowohl im Bereich der Gesundheit, Beziehungen, als auch Finanzen sind auf negatives Shen Qi Jing in Seele, Herz, Geist und Körper zurückzuführen.

Warum ist die Tao-Kalligrafie einzigartig und kraftvoll? Beides kann in einem Satz zusammengefasst werden:

Tao-Kalligrafie trägt positives Shen Qi Jing der Tao-Quelle in sich, das negatives Shen Qi Jing des gesamten Lebens, einschließlich Gesundheit, Beziehungen und Finanzen transformieren kann.

Das gesamte Leben beinhaltet:

- Stärkung der Energie, Ausdauer, Vitalität und Immunität
- Selbstheilung und Transformation des physischen, emotionalen, mentalen und spirituellen Körpers
- Selbstheilung und Transformation aller Arten von Beziehungen
- Selbstheilung und Transformation von Finanzen und Geschäftlichem
- Öffnung der spirituellen Kommunikationskanäle
- Erhöhung der Intelligenz und Weisheit
- Erleuchtung von Seele, Herz, Geist und Körper

Tao-Kalligrafie ist ein neues positives Informationssystem für die Selbstheilung und Transformation, um dem gesamten Leben der Menschheit zu dienen.

Viele haben phänomenale Resultate bei der Anwendung von Tao-Kalligrafien für Ihre Selbstheilung und Transformation erzielt. Sie können im Anhang am Ende dieses Buches viele Fallbeispiele nachlesen. Es ist mein Wunsch, dass Tao-Kalligrafie Ihnen und Mutter Erde und vielen mehr dient.

Das Nachzeichnen, Chanten und Schreiben von Tao-Kalligrafien

Wie ich gerade erklärt habe, trägt die Tao-Kalligrafie ein „Shen Qi Jing Feld" der Tao-Quelle in sich. Dieses „Shen Qi Jing Feld" der höchsten positiven Information kann alle Aspekte des Lebens transformieren, weil es jegliches negative Shen Qi Jing im Bereich der Gesundheit, Beziehungen, Finanzen und mehr transformieren kann.

Um Nutzen aus der Tao-Kalligrafie ziehen zu können, muss man üben. So verbinden Sie sich mit der Tao-Kalligrafie und erhalten ihr positives Shen Qi Jing. Ich werde in Kapitel 5 dieses Buches eine Tao-Kalligrafie als Geschenk einfügen und Sie dort anleiten, wie Sie mit ihr üben können.

Es gibt drei Arten, um mit der Tao-Kalligrafie zu üben: nachzeichnen, chanten und schreiben.

Das Nachzeichnen

Nutzen Sie eine oder beide Arten des Nachzeichnens: Nachzeichnen mit der Hand und dem Dan.

- **Nachzeichnen mit der Hand.** Führen Sie die fünf Fingerspitzen einer Hand zusammen. Siehe Abbildung 4. Zeichnen Sie nun zehnmal die Tao-Kalligrafie „Ai" (Liebe) mit der „Fünf Finger Handhaltung" nach. Abbildung 5 zeigt Ihnen, wie dieses Yi Bi Zi-Schriftzeichen nachzuschreiben und zu zeichnen ist.

- **Nachzeichnen mit dem Dan („Tao-Kalligrafie Tai Chi Bewegung")** „Dan 丹" bedeutet *Lichtkugel*. Hier bezieht es sich besonders auf eine Lichtkugel im Unterbauch, dem Sitz des Unteren Dan Tian, einem der grundlegenden Energiezentren des Körpers. („Tian 田" bedeutet *Feld*). Ein normaler Mensch besitzt diese Lichtkugel nicht. Sie bildet sich nur durch spezielle energetische und spirituelle Übungen. Die „Tao-Kalligrafie Tai Chi Bewegung" beim Nachzeichnen mit dem Dan ist eine Übung, die Ihren Dan bilden kann. Ihren Dan zu bilden bedeutet, Ihre Energie, Vitalität, Ausdauer und Immunität zu stärken und die Selbstheilung und Transformation aller Aspekte Ihres Lebens zu fördern.

Stellen Sie sich hin, mit den Füßen schulterbreit auseinander. Beugen Sie Ihre Knie und den Beckenbereich leicht. Halten Sie Ihren Rücken gerade. Lassen Sie Ihre Schultern und Ellbogen fallen. Berühren Sie mit der Zungenspitze leicht das Gaumendach in Ihrem Mund, während Sie Ihr Kinn leicht einziehen. Halten Sie beide Handflächen etwa dreißig Zentimeter auseinander vor Ihren Unterbauch, als ob Sie einen Volleyball oder einen Basketball festhalten würden. Siehe Abbildung 6.

Das Nachzeichnen mit dem Dan ist das Nachzeichnen mit Ihrem Unterbauch, dem imaginären Ball, Ihrem Beckenbereich und Ihren Hüften.

Die Kraft und Bedeutung des Nachzeichnens kann in einem Satz zusammengefasst werden:

Sie werden zu dem, was Sie nachzeichnen

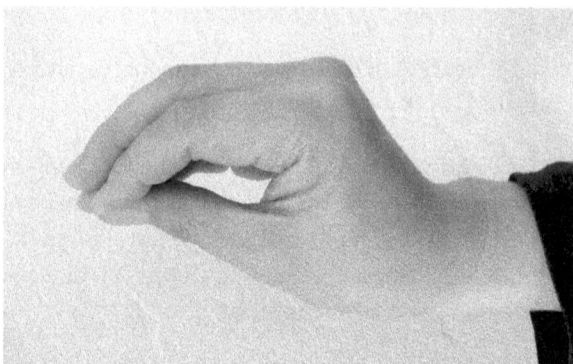

Abbildung 4. Die „Fünf Finger Handhaltung" für das Nachzeichnen

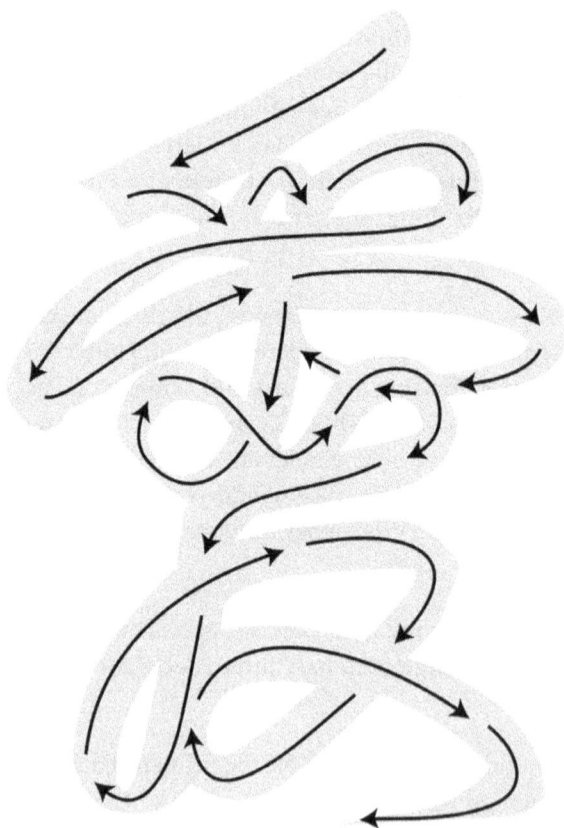

Abbildung 5. Der Verlauf des Nachzeichnens der Tao-Kalligrafie „Ai" (Liebe)

Abbildung 6. Die Körperhaltung für das Dan-Nachzeichnen

Ich möchte Ihnen jetzt eine der wichtigsten zusätzlichen Techniken zeigen, wenn Sie das Dan-Nachzeichnen der Tao-Kalligrafie anwenden. Stellen Sie sich eine Schnur vor, die Ihren Kopf leicht anhebt, während Ihr Steißbein gleichzeitig sich leicht senkt. Die Wirbelsäule verläuft normalerweise wie eine S-Kurve. Diese wichtige Visualisierung kann die Wirbelsäule gerade ausrichten und erlaubt der Energie, freier durch und um die Wirbelsäule herum zu fließen. Dies ist eine grundlegende heilige Weisheit und Übung im altehrwürdigen Tai Chi. Es ist auch eine wichtige „Tao-Kalligrafie Tai Chi-Bewegung".

Warum ist diese Technik wichtig? Es gibt eine altehrwürdige heilige und geheime Redewendung:

Wei Lü Zhong Zheng Shen Guan Ding
尾閭中正神灌頂

„Wei Lü" bedeutet *Steißbein*. „Zhong Zheng" bedeutet *gerade*. „Shen" bedeutet *Himmel und Tao*. „Guan Ding" bedeutet *Kronen-Chakra[4] Segnung*. „Wei Lü Zhong Zheng Shen Guan Ding" bedeutet *Licht fließt in Ihr Kronen-Chakra durch die ganze Wirbelsäule zum Steißbein*.

Zeichnen Sie jetzt, in der Körperhaltung für das Dan-Nachzeichen, ein paar Minuten lang die Tao-Kalligrafie „Ai" (Liebe). (Siehe Abbildung 5 auf Seite 8). Der imaginäre Ball zwischen Ihren Händen zeichnet die Kalligrafie gemeinsam mit Ihrem Dan nach. Ihre Arme, Hüften, Knie und Beine bewegen sich gleichzeitig.

Das Chanten

Über tausende von Jahren war das Chanten eine der heiligen Techniken, die für viele spirituelle und meditative Übungen verwendet wurde. Die Kraft und Bedeutung des Chantens kann in einem Satz zusammengefasst werden:

Sie werden zu dem, was Sie chanten.

Tao-Kalligrafie ist ein positives Informationssystem der Quelle, welche das positive Shen Qi Jing der Quelle in sich trägt. Im nächsten Kapitel werde ich Ihnen die Zehn Größten Qualitäten der Tao-Quelle mitteilen, welche die zehn größten Qualitäten eines Menschen sind.

---

[4] Siehe Kapitel 8 für eine Einführung in die Chakren.

Die erste der zehn Qualitäten ist Da Ai, *Größte Liebe*. („Da" bedeutet *größte*. „Ai" bedeutet *Liebe*.) In einigen Übungen in diesem Buch wenden wir dann das Chanten an:

Da Ai (ausgesprochen *Da Ai)*
Da Ai
Da Ai
Da Ai ...

Größte Liebe
Größte Liebe
Größte Liebe
Größte Liebe ...

Da Ai oder *Größte Liebe* zu chanten bedeutet, sich auf die größte Liebe auszurichten, Größte Liebe zu verkörpern und Größte Liebe zu werden. Ich lehre immer: *Liebe schmilzt alle Blockaden und transformiert das gesamte Leben.*

Bei allen Übungen in diesem Buch werden wir diese und andere positive Botschaften oder besonders heilsame, transformatierende und bestärkende heilige Töne der Tao-Quelle chanten.

Das Schreiben

Es gibt zwei Arten, Tao-Kalligrafie zu schreiben:

• **Das Schreiben auf Schriftmatten.** Dies ist anfänglich die grundlegende Methode, um Tao-Kalligrafie zu schreiben. Diese Matten eignen sich, um das Schreiben der Tao-Kalligrafie zu üben, wobei man eher einen Pinsel und Wasser statt Tinte verwendet. Wenn das Wasser verdampft, erscheinen die Schriftzeichen, und die Matte kann immer wieder verwendet werden. Ich habe Schriftmatten mit den vorgedruckten Umrissen verschiedener Tao-Kalligrafien entworfen. Siehe Abbildung 7. Sie können das Aufgedruckte auf der Schriftmatte überschreiben. Diese Schriftmatten werden für besondere Trainings benutzt, um Tao Calligraphy Practitioner und Tao Calligraphy Teacher auszubilden. Die beste Methode, um das Schreiben der Tao-Kalligrafie zu lernen ist, sie wiederholt auf einer Schriftmatte nachzuzeichnen oder dutzende Male das Aufgedruckte zu überschreiben, bevor man Pinsel, Tinte und unbeschriebenes Kalligrafie-Papier verwendet.

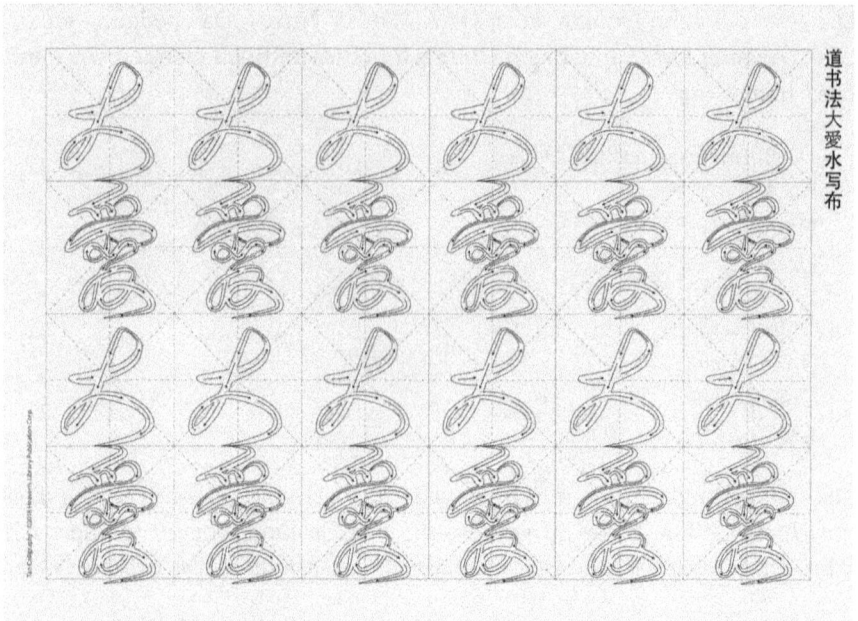

Abbildung 7. Die Tao-Kalligrafie „Da Ai" auf einer Schriftmatte

- **Das Schreiben mit Pinsel und Tinte auf unbeschriebenem Kalligrafie-Papier.** Dies ist die fortgeschrittene Methode, um Tao-Kalligrafie zu schreiben. Ich empfehle, das nicht ohne ein besonderes Training durch meine Tao Calligraphy Teacher oder mich zu tun.

Die Kraft und Bedeutung des Schreibens der Tao-Kalligrafie kann in einem Satz zusammengefasst werden:

Sie werden zu dem, was Sie schreiben

൯ ൯ ൠ

Sie können Tao-Kalligrafie allein oder zusammen mit anderen nachzeichnen, chanten oder schreiben. Allein nachzuzeichnen, zu chanten oder schreiben ist Selbstheilung und Transformation. Das Nachzeichnen, Chanten und Schreiben mit anderen ist Selbstheilung und Transformation in der

Gruppe. Generell ist Selbstheilung in der Gruppe kraftvoller als Selbstheilung, die Sie alleine durchführen, weil die Gruppe (zwei oder mehr Menschen) sich ausrichtet und ihre heilsamen und transformierenden Übungen bündelt.

Eine einzelne Tao-Kalligrafie ist ein Heilungsfeld der Tao-Kalligrafie, weil sie positives Shen Qi Jing der Tao-Quelle in sich trägt. Die Tao-Kalligrafie-Heilungsfelder in meinen Tao-Zentren weltweit werden von dreißig bis über einhundert Tao-Kalligrafien erzeugt. Wenn Sie Tao-Kalligrafien nachzeichnen, chanten oder schreiben, verbinden Sie sich mit dem Heilungsfeld der Tao-Kalligrafie. Sie werden verstehen, wie Sie eine tiefe Verbindung über sechs heilige Tao-Krafttechniken aufbauen, was Sie in Kapitel 3 lernen und in den nachfolgenden Übungen anwenden werden.

Tao-Kalligrafien nachzuzeichnen, zu chanten und zu schreiben bedeutet, sich mit dem äußeren Heilungsfeld der Tao-Kalligrafien zu verbinden, um Ihnen das positive Shen Qi Jing der Tao-Quelle dieses Feldes für die Auflösung oder Transformation des negativen Shen Qi Jing zu bringen.

Es ist auch möglich, ein inneres Feld der Tao-Kalligrafien zu erhalten und sich damit zu verbinden.

„Tao Kalligrafie Lichtfeldübertragungen" aus einer Tao-Kalligrafie

Besonders ausgebildete und zertifizierte Grandmaster und Master Healer and Master Teacher können in dem Heilungsfeld der Tao-Kalligrafie einem Menschen, einem Haustier, usw. „Tao Shen Qi Jing Lichtfelder" der Tao-Kalligrafien anbieten.

Wenn Sie zum Beispiel Schmerzen oder andere Beschwerden im Rücken haben, hat ein Master Healer and Master Teacher im Heilungsfeld der Tao-Kalligrafie die Ehre und die Befähigung, Ihnen von einer Tao-Kalligrafie ein Lichtfeld für den Rücken zu übertragen. Sobald Sie eine solche Übertragung erhalten haben, wird dieses „Tao Kalligrafie Lichtfeld" zu einem *inneren* „Tao Kalligrafie Heilungsfeld" für Ihren Rücken, das Sie allzeit und allerorts anrufen und sich mit ihm verbinden können. Die Übertragung wird immer mit Ihnen verbleiben.

Um wiederkehrenden Nutzen vom „Tao Kalligrafie Lichtfeld", das Ihrem Rücken übertragen worden ist, zu erhalten, verbinden Sie sich einfach mit der *„Sag Hallo Anrufung"* (die Seelenkraft wird in Kapitel 3 erklärt) und chanten wiederholt:

> *„Tao Kalligrafie-Lichtfeld" für den Rücken*
> *„Tao Kalligrafie-Lichtfeld" für den Rücken*
> *„Tao Kalligrafie-Lichtfeld" für den Rücken*
> *„Tao Kalligrafie-Lichtfeld" für den Rücken ...*

Ich habe ungefähr dreißig Tao Calligraphy Healing Field Grandmaster und Master Healer and Master Teacher ausgebildet, die diesen einzigartigen Dienst aus der Tao-Quelle anbieten können. Weitere befinden sich in der Ausbildung. Es ist sehr kraftvoll, eines oder mehrere dieser inneren „Tao-Kalligrafie Heilungsfelder" zu erhalten und in sich zu tragen. Wenn Sie ernsthafte, chronische oder lebensbedrohliche Beschwerden oder andere Herausforderungen haben, lege ich Ihnen dringend nahe, Näheres über die „Tao Kalligrafie Lichtfeldübertragungen" von einem meiner ausgebildeten und zertifizierten Tao Calligraphy Healing Field Master Healer and Master Teacher zu erfahren.

2

Die Zehn Größten Qualitäten der Tao-Quelle

DIE TAO-QUELLE HAT MIR die Zehn Größten Qualitäten gegeben. Diese Qualitäten werden Shi Da (十大) genannt. „Shi" bedeutet *zehn*. „Da" bedeutet *größte*. Shi Da bedeutet *zehn größte*.

Was sind die Zehn Größten Qualitäten?

Lao Tse hat in seinem zeitlosen Klassiker *Tao Te King* geschrieben: „Es gelten vier Da für unzählige Planeten, Sterne, Galaxien und Universen." Diese sind:

道大   Dao Da
天大   Tian Da
地大   Di Da
人大   Ren Da

Das erste von Lao Tse vier Da ist Dao Da. Tao ist *die Quelle.* „Dao Da" bedeutet *die Quelle ist das Größte*. Tao ist der höchste Schöpfer. Tao erschafft alle Lebewesen und alle Dinge. De ernährt alle Lebewesen und alle Dinge. „De 德" ist die *Heilkraft des Tao*, die sich im *Shen Kou Yi des Tao* manifestiert. „Shen 身" bedeutet *Handlungen, Aktivitäten und Verhalten*. „Kou 口" bedeutet Sprache. „Yi 意" bedeutet *Gedanken*.

Zusammengefasst:

Tao ist die höchste Quelle und der Weg des gesamten Lebens.
De sind die Maßnahmen, Aktivitäten und Handlungsweisen des Tao.

Das zweite von Lao Tses vier Da ist Tian Da. „Tian" bedeutet *Himmel*. „Tian Da" bedeutet *der Himmel ist das Größte*. In Lao Tses Konzept umfasst der Himmel die Sonne, den Mond, das Sonnensystem, den Großen Wagen, die Milchstraße und das Universum. Der Himmel umfasst unzählige Sonnensysteme, Galaxien und Universen. Der Himmel strahlt herab auf und nährt alle Lebewesen und Dinge.

Das dritte von Lao Tses vier Da ist Di Da. „Di" bedeutet *Mutter Erde*. „Di Da" bedeutet *Mutter Erde ist die Größte*.

Mutter Erde hat das größte Herz. Sie hält alle Lebewesen und Dinge (Wan Wu 萬物, wörtlich *zehntausend Dinge*, was im Chinesischen *unzählige Dinge* bezeichnet).

Es gibt ein altehrwürdiges Sprichwort:

Hou De Zai Wu
厚德載物

„Hou" bedeutet *dick*, was für *eine große Menge* steht. „De" wiederum ist *die Tugend, die aus dem Tao durch das Shen Kou Yi des Tao kommt*. „Zai" bedeutet *tragen*. „Wu" bedeutet *Dinge*. „Wan Wu" umfasst alle Lebewesen und Dinge auf Mutter Erde. „Hou De Zai Wu" bedeutet *mit großer Tugend kann man die Welt halten*. Mutter Erde zieht Wan Wu auf und nährt es. Es bedarf großer Tugend, um alle Lebewesen und Dinge zu halten. Mutter Erde macht keinen Unterschied, ob jemand positive Dienste oder negative Dienste anbietet. Daher hat Mutter Erde viel De.

Mutter Erde hat das größte Herz. Darum ist Mutter Erde eine der Größten.

Die vierte von Lao Tses vier Da ist Ren Da. „Ren" bedeutet *Mensch*. „Ren Da" bedeutet *der Mensch ist der Größte*. Eine andere altehrwürdige Aussage lautet:

Ren Wei Wan Wu Zhi Ling
人為萬物之靈

„Wei" bedeutet *ist*. „Zhi" wirkt wie ein Apostroph, um ein Possessiv zu kennzeichnen. „Ling" bedeutet *am klügsten*. „Ren Wei Wan Wu Zhi Ling" bedeutet *Menschen sind die klügsten innerhalb von unzähligen Planeten, Sternen, Galaxien und Universen*.

Im Laufe der Geschichte schöpften und erschufen Menschen, um das Leben zu verbessern. Menschen entwickeln sich ständig weiter. Darum gehören die Menschen zu den Größten.

Tatsächlich hat „Da 大" drei wichtige Bedeutungen:

- größtes
- bedingungslos
- selbstlos

Darum sind die Zehn Da, Shi Da oder die Zehn Größten Qualitäten tatsächlich die zehn größten, bedingungslosen und selbstlosen Qualitäten.

Kraft und Bedeutung der Zehn Größten Qualitäten

In zwei meiner früheren Bücher, *Soul Over Matter*[5] und *Tao Classic of Longevity and Immortality*,[6] habe ich die tiefen heiligen Weisheiten der Zehn Da erklärt und detaillierte Übungen angeboten, um die Zehn Da zu erlangen. Ich werde diese Lehren in diesem Buch nicht wiederholen, aber ich werde Ihnen jetzt das Wesen jedes Da, jeder größten Qualität, erklären.

Größte Liebe—Da Ai (大愛)

Die vier heiligen Zeilen erklären Da Ai, *Größte Liebe*:

Yi Shi Da Ai	一施大愛
Wu Tiao Jian Ai	無條件愛
Rong Hua Zai Nan	融化災難
Xin Qing Shen Ming	心清神明

Gib zuerst die Größte Liebe, die erste der Zehn Da-Qualitäten des Tao.
Bedingungslose Liebe
Schmilzt alle Blockaden.
Klares Herz; Seele, Herz und Geist erleuchtet.

---

[5] Dr. und Master Zhi Gang Sha und Adam Markel, *Soul Over Matter: Ancient and Modern Wisdom and Practical Techniques to Create Unlimited Abundance*, Dallas, TX/Toronto, ON: BenBella Books/Heaven's Library Publication Corp., 2017.

[6] Dr. und Master Zhi Gang Sha, *Tao Classic of Longevity and Immortality: Sacred Wisdom and Practical Techniques*, Cardiff, CA/Richmond Hill, ON: Waterside Press/Heaven's Library Publication Corp., 2019.

Jeder hat seinen Glauben. Viele glauben an die Wissenschaft. Viele glauben an Spiritualität. Einige glauben an ihren eigenen Weg. Unabhängig davon braucht jeder die größte Liebe.

Denken Sie über Ihr Leben nach. Haben Ihre Eltern Ihnen Liebe gegeben? Haben Ihre Kinder Ihnen Liebe gegeben? Hat Ihr(e) Partner(in) Ihnen Liebe gegeben? Haben Ihre Kolleg(inn)en Ihnen Liebe gegeben? Wenn Sie Liebe spüren, wie fühlt sich das an? Wenn Sie keine Liebe spüren, wie fühlt sich das an? Ich möchte allen sagen, dass Liebe die Qualität und die Emotion ist, die nicht nur die ganze Menschheit braucht, sondern auch alle Tiere, die Natur, die Umwelt und mehr.

Diese vier heiligen Zeilen erklären sehr deutlich, dass alle Arten von Blockaden im Leben, einschließlich derer im Bereich der Gesundheit, Beziehungen, Finanzen und in allen Aspekten des Lebens aufgelöst werden können, wenn Sie sich selbst und anderen die größte, bedingungslose, selbstlose Liebe geben. Da Ai kann Ihr Herz reinigen und Ihre Seele, Ihr Herz, Ihren Geist und Körper erleuchten.

Auf der Rückseite dieses Buches befindet sich die Tao-Kalligrafie *Da Ai*.

Größte Vergebung—Da Kuan Shu (大寬恕)

Da Kuan Shu, *Größte Vergebung*, ist die zweite der Zehn Da-Qualitäten des Tao. Das vierzeilige heilige Tao-Mantra des Da Kuan Shu lautet:

Er Da Kuan Shu	二大寬恕
Wo Yuan Liang Ni	我原諒你
Ni Yuan Liang Wo	你原諒我
Xiang Ai Ping An He Xie	相愛平安和諧

Die zweite der Zehn Da-Qualitäten des Tao ist Größte Vergebung.
Ich vergebe dir.
Du vergibst mir.
Liebe, Frieden und Harmonie.

Menschen können die folgenden Herausforderungen in ihrem Leben haben:

- gesundheitliche Probleme, einschließlich aller Arten von Schmerzen, Infektionen, Zysten, Tumoren, Krebs und mehr

- emotionale Probleme, einschließlich Wut, Depression, Angst, Besorgtheit, Trauer, Furcht, Schuld und mehr
- mentale Probleme, einschließlich aller Arten von Geisteskrankheiten, geistiger Verwirrtheit, Gedächtnisschwäche und mehr
- spirituelle Probleme, einschließlich Richtungslosigkeit auf der spirituellen Reise und mehr
- alle Arten von Beziehungsproblemen, einschließlich derer mit Familienangehörigen, Verwandten, Kolleg(inn)en und mehr
- alle Arten von finanziellen und geschäftlichen Problemen

Tiefe spirituelle Weisheiten lehren, dass alle Herausforderungen mit Blockaden von Seele, Herz, Geist, Energie und Materie zu tun haben. Sich in Vergebung zu üben, kann eine erstaunliche und unvorstellbare Transformation der eigenen Herausforderungen bewirken.

Denken Sie über Ihre Familie nach. Ein Ehemann und eine Ehefrau können sich streiten und bekämpfen. Partner(innen), Eltern und Kinder und andere Menschen können sich streiten und bekämpfen. Wie könnten Sie Liebe, Frieden und Harmonie bringen? Wenn Person A und Person B Schwierigkeiten miteinander haben, was würde geschehen, wenn Person A sich ernsthaft bei B entschuldigt oder Person B sich ernsthaft bei A entschuldigt? Die Schwierigkeiten könnten sehr schnell gelöst werden.

Erweitern wir die Weisheit, wenn Angestellte am Arbeitsplatz Probleme miteinander haben. Was wäre, wenn sie sich ernsthaft gegenseitig entschuldigen könnten? Dann kann sich die Situation sehr zum Positiven wenden.

Ich habe die heilige Lehre der Vergebung sowie Vergebungsübung tausenden von Schüler(inne)n und Klient(inn)en weltweit vermittelt:

Ich vergebe dir.
Du vergibst mir.
Bringt Liebe, Frieden, Harmonie.

Vergebungsübungen können zu unglaublichen Ergebnissen führen. Vielleicht verstehen Menschen nicht, dass gesundheitliche Probleme, Beziehungsblockaden und sogar finanzielle Schwierigkeiten sehr eng mit Emotionen verbunden sind.

Wenn Sie emotional unausgeglichen sind, kann dies einen starken Einfluss auf Ihre Gesundheit, Beziehungen oder Finanzen haben. Darum kann es wirklich zu bemerkenswerten Ergebnissen führen, jemanden, mit dem Sie Probleme haben, um Vergebung zu bitten.

Wenn Sie wissen, dass Sie Probleme mit jemandem haben, führen Sie direkt eine Vergebungsübung mit dieser Person durch, wenn Sie können.

Sie können auch eine generelle Vergebungsübung für eines Ihrer Probleme durchführen oder auch für alle. Wenn Sie zum Beispiel Knieschmerzen haben, unter Angst leiden oder finanzielle Probleme haben, können Sie eine generelle Vergebungsübung für all Ihre Herausforderungen im Leben wie folgt durchführen:

> *Alle lieben Lebewesen und Dinge, mit denen ich irgendeinen Konflikt, Streit oder einen Kampf, bewusst oder unbewusst, hatte, ich ehre euch. Bitte lasst uns gemeinsam eine Vergebungsübung durchführen.*

Chanten Sie dann mehrmals:

> *Ich vergebe dir.*
> *Du vergibst mir.*
> *Bringt Liebe, Friede, Harmonie.*

Verbringen Sie fünf oder zehn Minuten mit der Wiederholung dieser drei Sätze. Sie könnten bemerkenswerte Verbesserungen fühlen. Sie könnten einige Verbesserungen fühlen. Sie könnten keine Verbesserungen fühlen. Egal, ob Sie bemerkenswerte Verbesserungen, einige Verbesserungen oder keine Verbesserungen fühlen, fahren Sie einige Tage lang ernsthaft mit den Vergebungsübungen fort—dreimal täglich fünf bis zehn Minuten. Beobachten Sie dann, wie Sie sich fühlen.

Das ist sehr einfach, aber es ist ein sehr heiliger Weg Vergebung anzuwenden, um Ihre Gesundheit, Beziehung oder finanzielle Probleme zu transformieren. Versuchen Sie es. Erfahren Sie es.

Vergebung ist der goldene Schlüssel, um alle Herausforderungen des Lebens zu lösen. Wenn zwischen zwei Familienmitgliedern, Kolleg(inn)en, Unternehmen, sowie Ländern Konflikte, Streitigkeiten, Kämpfe oder mehr bestehen, kann die Anwendung von Vergebung helfen, um die Lage unbeschreiblich zu transformieren.

Die Menschheit und Mutter Erde brauchen wirklich mehr Vergebung, um Liebe, Frieden und Harmonie in Gesundheit, Beziehungen, Finanzen und alle Aspekte des Lebens zu bringen.

Größtes Mitgefühl—Da Ci Bei (大慈悲)

Da Ci Bei, *Größtes Mitgefühl*, ist die dritte der Zehn Da-Qualitäten des Tao. Das vierzeilige heilige Tao-Mantra des Da Ci Bei lautet:

San Da Ci Bei	三大慈悲
Yuan Li Zeng Qiang	願力增強
Fu Wu Zhong Sheng	服務眾生
Gong De Wu Liang	功德無量

Die dritte der Zehn Da-Qualitäten des Tao ist das Größtes Mitgefühl.
Steigere und stärke die Willenskraft.
Diene der Menschheit und allen Seelen.
Erhalte unermessliche Tugend.

Millionen von Menschen ehren Mutter Maria und Guan Yin, den Buddha des Mitgefühls. Sie sind beide universelle Mütter, die bedingungslose Liebe und Mitgefühl für die Menschheit und alle Seelen haben.

Größtes Mitgefühl ist das höchste und bedingungslose Mitgefühl. Es gibt viele herzergreifende Geschichten über Guan Yin und Mutter Maria, wie sie aussichtslose Situationen umwandeln und Leben retten. Rufen Sie sie an und nehmen Sie Verbindung mit ihnen auf, um ihre Liebe und ihr Mitgefühl zu empfangen.

Größtes Licht—Da Guang Ming (大光明)

Da Guang Ming, *Größtes Licht*, ist die vierte der Zehn Da-Qualitäten des Tao. Das vierzeilige heilige Tao-Quelle-Mantra des Da Guang Ming lautet:

Si Da Guang Ming	四大光明
Wo Zai Dao Guang Zhong	我在道光中
Dao Guang Zai Wo Zhong	道光在我中
Tong Ti Tou Ming	通體透明

Die vierte der Zehn Da-Qualitäten des Tao ist Größtes Licht und Größte
  Transparenz.
Ich bin im Licht der Tao-Quelle.
Das Licht der Tao-Quelle ist in mir.
Der ganze Körper ist vollständig erhellt und transparent.

Tao ist die höchste Quelle. Wenn Sie im Licht der Tao-Quelle sind und das
Licht der Tao-Quelle in Ihnen ist, dann befinden Sie sich im Lichtfeld der
Tao-Quelle. Dies ist eine überaus kraftvolle Übung für die Selbstheilung
und Transformation aller Aspekte des Lebens.

Ein Mensch hat das Shen Qi Jing eines Menschen, d. h. die eigene Seele, das
eigene Herz, den eigenen Geist und Körper. Das Tao-Licht ist das Shen Qi
Jing der Quelle, also die Seele, das Herz, der Geist und Körper der Quelle.
Das Tao-Licht kann unser menschliches Licht auf unglaubliche Weise transformieren. Darum ist Da Guang Ming, Größtes Licht, ein heiliger Weg für
die Selbstheilung und Transformation des gesamten Lebens.

Größte Demut—Da Qian Bei (大謙卑)

Da Qian Bei, *Größte Demut*, ist die fünfte der Zehn Da-Qualitäten des Tao.
Das fünfzeilige heilige Tao-Quelle Mantra des Da Qian Bei:

Wu Da Qian Bei	五大謙卑
Rou Ruo Bu Zheng	柔弱不爭
Chi Xu Jing Jin	持續精進
Shi Qian Bei	失謙卑
Die Wan Zhang	跌萬丈

Die fünfte der Zehn Da-Qualitäten des Tao ist Größte Demut.
Sei freundlich und sanft, streite oder kämpfe nicht.
Verbessere dich beharrlich.
Verliere die Demut
Scheitere enorm in allen Aspekten deines Lebens, als ob du in einen tiefen
  Abgrund fielest.

Demut bereichert Ihr Leben und beugt Schicksalsschlägen und Herausforderungen vor. Ego ist eine der größten Blockaden in allen Aspekten des Lebens.

Lao Tses *Tao Te King* betont die Wichtigkeit der Demut. Ich möchte einige Kapitel des *Tao Te King* vorstellen.

Kapitel 7 des *Tao Te King* stellt fest:

Der Himmel und die Mutter Erde haben lange, lange Leben. Warum? Weil der Himmel und die Mutter Erde dem Weg der Natur folgen und bedingungslos und selbstlos dienen. Sie leben nicht um ihrer selbst willen. Darum lässt der Mensch, der die Weisheit des Tao erlangt hat, immer anderen den Vortritt, gibt und fördert, während er selbst im Hintergrund bleibt. Tatsächlich respektieren die anderen denjenigen, der sich zurückhält, mehr. Solch ein Mensch kann sein Leben hingeben, um anderen zu dienen. So kann derjenige viel länger auf Erden verbleiben. Da derjenige selbstlos ist und kein Ego besitzt, wird dieser auf natürliche Weise den wahren Sinn und das Ziel des Lebens erreichen.

Dieses Kapitel ist eine kraftvolle Lehre über die Weisheit und den Segen der Demut.

Kapitel 8 des *Tao Te King* stellt fest:

Das höchste Tao und De (Handlungs-, Sprech- und Denkweise des Tao) sind wie Wasser. Wasser nährt unzählige Dinge und kämpft mit nichts und niemandem. Wasser hält sich an den niedrigsten Orten auf, die andere nicht mögen würden. Darum ist Wasser dem Tao am nächsten.

Dies ist eine weitere Lehre der selbstlosen Yin-Natur der Demut.

Kapitel 24 des *Tao Te King* stellt fest:

Der Mensch, der oft prahlt, kann nicht wirklich strahlen. Der Mensch, der denkt, dass er immer recht hat, kann die Wahrheit nicht erkennen. Die Menschen, die sich selbst bewundern, können nicht wirklich erfolgreich sein. Menschen mit Ego können sich nicht lange halten.

Ich glaube, dass Ego der größte Gegner, sowohl für die Reise der Selbstheilung und Transformation, als auch für die spirituelle Reise ist.

Kapitel 81, das letzte Kapitel des *Tao Te King* stellt fest:

Heilige haben kein Herz, das andere kontrolliert, sondern eines, das anderen bedingungslos dient. Folglich haben die Heiligen mehr Fülle. Die Heiligen geben anderen das Meiste. Folglich erleben die Heiligen mehr Wohlstand. Das Tao des Himmels lässt alle Lebewesen und Dinge mehr erblühen und verletzt nichts und niemanden. Das Tao der Heiligen besagt, nicht mit anderen zu streiten oder zu kämpfen.

Diese Lehre reflektiert die Wahrheit des „She De 捨得", *geben um zu erhalten*. Je mehr Sie geben, desto mehr werden Sie erhalten. Geben und dienen Sie bedingungslos und selbstlos wie die großen Heiligen, und der unbegrenzte Segen des Himmels könnte über Ihre Gesundheit, Beziehungen, Finanzen und alle Aspekte Ihres Lebens ausgeschüttet werden.

Die oben genannten Lehren und Weisheiten aus Lao Tses *Tao Te King* haben die Kraft und Bedeutung des Da Qian Bei wirklich hervorgehoben.

Größte Harmonie—Da He Xie (大和諧)

Da He Xie, *Größte Harmonie*, ist die sechste der Zehn Da-Qualitäten des Tao. Sie ist eine weitere wesentliche Qualität für wahren Erfolg im eigenen Leben. Das vierzeilige Tao-Mantra des Da He Xie lautet:

Liu Da He Xie	六大和諧
San Ren Tong Xin	三人同心
Qi Li Duan Jin	齊力斷金
Cheng Gong Mi Jue	成功秘訣

Die sechste der Zehn Da-Qualitäten des Tao ist Größte Harmonie.
Drei Menschen vereinen ihre Herzen.
Ihre Stärke kann Gold schneiden.
Das Geheimnis des Erfolgs.

Um eine glückliche Familie zu haben, muss jedes Familienmitglied Liebe, Fürsorge und Mitgefühl einbringen. Alle sollen einander vergeben und in Harmonie sein.

Ein altes Sprichwort sagt Jia He Wan Shi Xing (家和萬事興). „Jia" bedeutet *Familie*. „He" bedeutet *Harmonie*. „Wan" bedeutet *zehntausend*. Es bedeutet im Chinesischen „unzählig" oder „zahllos". „Shi" bedeutet *Dinge*. „Xing" bedeutet *erblühen*. „Jia He Wan Shi Xing" bedeutet *in einer harmonischen Familie erblüht alles*.

Denken Sie an ein sehr erfolgreiches Unternehmen. Dazu gehört ein großes harmonisches Team. Da He Xie repräsentiert großes Teamwork. Ohne Da He Xie ist es unmöglich, große Fülle zu erreichen. Um Größte Harmonie zu haben, muss man auch die anderen Zehn Da-Qualitäten haben.

Die Zehn Da sind die Qualitäten von Tao, Buddhas, Heiligen, dem Göttlichen, Mutter Erde, unzähligen Planeten, Sternen, Galaxien und Universen und den Menschen. Da He Xie steht für großes Teamwork, worin der Schlüssel zum Erfolg liegt. Lasst uns einander lieben und uns im Herzen vereinen, um größten Erfolg in allen Aspekten unseres Lebens zu erschaffen.

Größte Fülle—Da Chang Sheng （大昌盛）

Da Chang Sheng, *Größte Fülle*, ist die siebte der Zehn Da-Qualitäten des Tao. Das vierzeilige heilige Tao-Mantra des Da Chang Sheng lautet:

Qi Da Chang Sheng	七大昌盛
Dao Ci Ying Fu	道賜盈福
Xing Shan Ji De	行善積德
Dao Ye Chang Sheng	道業昌盛

Die siebte der Zehn Da-Qualitäten des Tao ist Größte Fülle.
Die Tao-Quelle verleiht großen Wohlstand, Glück und Erfolg.
Diene mit Güte, um Tugend anzusammeln.
Tao Karriere erblüht.

Ich möchte eine tiefe spirituelle Weisheit mitteilen. Der Ursprung für den Wohlstand eines Menschen liegt in seinem positiven Informationssystem des positiven Shen Qi Jing, also den positiven Informationen oder Botschaften, die von seiner Seele, seinem Herz, Geist und Körper getragen werden und aus vergangenen Leben in dieses Leben übertragen werden. Wenn Sie geöffnete spirituelle Kommunikationskanäle haben, sollten Sie in der Lage sein, einen Teil Ihrer vergangenen Leben zu sehen, um die Wahrheit zu verstehen.

Finanzieller Erfolg beruht auf positiven Shen Qi Jing-Botschaften von Ihren Ahnen und Ihnen in vergangenen und diesem Leben, sowie Ihrem eigenen großen Bemühen in diesem Leben. Positive Shen Qi Jing-Informationen und Botschaften werden durch große positive Dienste an der Menschheit, den Tieren, der Umwelt und mehr angesammelt. Positive Dienste sollen die Menschheit, Tiere und Umwelt gesünder und glücklicher machen und sie auf positive Weise transformieren. Diese positiven Shen Qi Jing-Botschaften können Ihre finanzielle Fülle im jetzigen Leben und in zukünftigen Leben segnen.

Ich gratuliere Ihnen, wenn Sie große Fülle erleben. Ich wünsche Ihnen, dass Sie noch mehr erblühen. Wenn Sie keine große Fülle erfahren, wie können Sie sie erschaffen? Das Geheimnis liegt darin, Ihr System positiver Informationen zu stärken: sammeln Sie positive Shen Qi Jing-Informationen und Botschaften durch Shen, Kou und Yi (Handlungs-, Sprech- und Denkweise) an.

In Kapitel 3 werde ich die sechs heiligen Tao-Krafttechniken im Detail erklären. Sie sind die Essenz jeder Übung für Selbstheilung und Transformation im restlichen Teil dieses Buches. Die sechs heiligen Tao-Krafttechniken anzuwenden, von denen das Nachzeichnen der Tao-Kalligrafien eine ist, heißt positive Shen Qi Jing-Informationen oder Botschaften anzusammeln.

Lassen Sie mich ein Beispiel geben. Ein Geschäftsmann aus Los Angeles erhielt eine meiner Tao-Kalligrafien, „Dao Ye Chang Sheng 道業昌盛," die vierte Zeile des heiligen Mantras der größten Fülle der Tao-Quelle. Fast zwei Jahre später erzählte er mir: „Seit ich die Tao-Kalligrafie des ‚Dao Ye Chang Sheng' (*Tao Karriere erblüht*) habe, habe ich sie jeden Tag zehn Minuten lang nachgezeichnet und dabei gechantet. Geld verdienen geht ohne jede Anstrengung. Alles fließt. Mein Unternehmen ist innerhalb von zwei Jahren von einem Zwei-Millionen-Dollar-Unternehmen zu einem Sechzig-Millionen-Dollar-Unternehmen herangewachsen. Ich schreibe das uneingeschränkt der Tao-Kalligrafie des ‚Dao Ye Chang Sheng' zu."

Weil die Tao-Kalligrafie und das Mantra des „Dao Ye Chang Sheng" positive Shen Qi Jing-Botschaften der Tao-Quelle beinhalten, erhielt das Unternehmen des Mannes großen Segen aus diesen Tao-Botschaften.

Größte Dankbarkeit—Da Gan En （大感恩）

Da Gan En, *Größte Dankbarkeit*, ist die achte der Zehn Da-Qualitäten des Tao. Das vierzeilige heilige Tao-Mantra des Da Gan En kann unser Leben weiterhin transformieren und alle Aspekte unseres Leben verbessern:

Ba Da Gan En	八大感恩
Dao Sheng De Yang	道生德養
Zai Pei Ci Hui	栽培賜慧
Dao En Yong Cun	道恩永存

Die achte der Zehn Da-Qualitäten des Tao ist Größte Dankbarkeit.
Die Tao-Quelle erschafft alle Dinge und De nährt sie.
Die Tao-Quelle kultiviert und verleiht Weisheit und Intelligenz.
Der Ruhm der Tao-Quelle sollte für immer in unseren Herzen und Seelen verbleiben.

In unserem Leben haben uns viele Menschen physisch und spirituell geholfen. Wir sollten ihnen immer unsere Dankbarkeit zeigen. Eltern ziehen ihre Kinder groß. Kinder sollten ihren Eltern Dankbarkeit zeigen. Lehrer(innen) unterrichten ihre Schüler(innen) im Kindergarten, in der Grundschule, in fortführenden Schulen und an der Universität. Schüler(innen) sollten ihren Lehrer(innen) Dankbarkeit zeigen.

Das Göttliche und die Tao-Quelle haben dem physischen Leben und der spirituellen Reise jeder Seele angemessene Weisheit und Segen verliehen. Wir sollten dankbar sein und ihnen unsere Wertschätzung ausdrücken.

Dankbarkeit ist eine der Tao-Qualitäten, die alle Menschen und alle Seelen haben sollten. Für unsere gute Gesundheit, unser Glück, unsere harmonischen Beziehungen, unsere finanzielle und geschäftliche Fülle sollten wir dem Göttlichen, der Tao-Quelle und allen, die uns auf unserer spirituellen und physischen Reise geholfen haben, unsere Dankbarkeit zeigen.

Größtes Dienen—Da Fu Wu （大服務）

Da Fu Wu, *Größtes Dienen*, ist die neunte der Zehn Da-Qualitäten des Tao. Ich vermittle meinen Schüler(inne)n und der Menschheit immer, dass das Dienen der Sinn des Lebens ist. Zu dienen bedeutet, andere glücklicher und gesünder, sowie erfolgreich in allen Aspekten ihres Lebens und unseres Lebens zu machen.

Das vierzeilige heilige Tao-Mantra des Da Fu Wu lautet:

Jiu Da Fu Wu   九大服務
Shi Wei Gong Pu   誓為公僕
Wu Si Feng Xian   無私奉獻
Shang Cheng Fa Men   上乘法門

Die neunte der Zehn Da-Qualitäten des Tao ist Größtes Dienen.
Gelobe der Menschheit und allen Seelen zu dienen.
Diene selbstlos.
Der höchste Weg, um zur Tao-Quelle zu gelangen.

Ich möchte eine persönliche Geschichte von meiner spirituellen Reise erzählen. Vor vielen Jahren war ich in Taiwan. Shakyamuni Buddha, der als der Begründer des Buddhismus geehrt wird, erschien mir eines Tages während meiner Meditation. Er ist seit jeher einer meiner spirituellen Väter. Ich fragte ihn, „Shi Jia Mo Ni Fo (釋迦牟尼佛, sein chinesischer Name), du hast vierundachtzigtausend Methoden des Xiu Lian gelehrt[7] (修煉), um ein Buddha zu werden, was die höchste Erleuchtung ist. Welche dieser vierundachtzigtausend Methoden des Xiu Lian ist die höchste Methode?" Er antwortete: „Was denkst du?" Ich sagte: „Ich glaube, dass die höchste Methode der Xiu Lian-Reise das Xu Lian des Dienens ist, was bedeutet, anderen zu dienen, andere glücklicher und gesünder zu machen." Er lächelte mich an und sagte: „Du hast absolut recht."

Das Dienen hat Ebenen. Sie können ein wenig, mehr oder bedingungslos dienen. Bedingungslos zu dienen ist der höchste Weg, sich auf Ihrer spirituellen Reise weiterzuentwickeln.

Größte Erleuchtung—Da Yuan Man (大圓滿)

Da Yuan Man, *Größte Erleuchtung*, ist die zehnte der Zehn Da-Qualitäten des Tao. Es ist die letzte Tao-Qualität, die erforderlich ist, um vollständig mit

---

[7] „Xiu" bedeutet *Reinigung*. „Lian" bedeutet *Übung*. „Xiu Lian" bedeutet *Reinigungsübung, um unsere negativen Shen Qi Jing-Botschaften in allen Lagen, ruhige und schwierige, in positive Shen Qi Jing-Botschaften zu transformieren.* Darum ist Xiu Lian eine Übung für die Selbstheilung und Transformation von Seele, Herz, Geist und Körper. Es ist die Übung, die der physischen und spirituellen Reise dient.

dem Tao eins zu werden und es zu erlangen. Das vierzeilige heilige Tao-Mantra des Da Yuan Man lautet:

Shi Da Yuan Man	十大圓滿
Ling Xin Nao Shen Yuan Man	靈心腦身圓滿
Ren Di Tian Dao Shen Xian Ti	人地天道神仙梯
Fu Wu Xiu Lian Cai Ke Pan	服務修煉才可攀

Die zehnte Da-Eigenschaft des Tao ist Größte Erleuchtung.
Erleuchtung von Seele, Herz, Geist und Körper
Ebenen der heiligen Diener(innen): Ren Xian, Di Xian, Tian Xian und Tao Xian[8]
Nur durch Dienen kann die höchste Erleuchtung erlangt werden.

Es gibt drei Kernlehren in der traditionellen chinesischen Kultur: Buddhismus, Taoismus und Konfuzianismus. In der chinesischen Philosophie werden sie San Jiao (三教 drei Lehren) genannt und als eine harmonische Einheit betrachtet. Die höchste Erfüllung im Buddhismus ist es, die höchste Erleuchtung zu erlangen, d. h. ein Buddha zu werden. Die höchste Erfüllung der Erleuchtung im Taoismus ist es, unsterblich zu werden. Die höchste Erfüllung der Erleuchtung im Konfuzianismus ist es, der bzw. die höchste Heilige, zu werden.

Es gibt viele andere spirituelle Glaubenssysteme, einschließlich Christentum, Islam, Hinduismus, Judentum, Sikhismus, Naturreligionen und andere. Im Allgemeinen ist die höchste Erfüllung die Erleuchtung in all diesen Glaubenssystemen, die höchsten Heiligen innerhalb ihres Systems zu werden.

Die höchsten Heiligen, welche die höchste Erleuchtung erreicht haben, haben negative Shen Qi Jing-Informationen und Botschaften vollständig aufgelöst, um die Zehn Da-Qualitäten in allen Aspekten ihres Lebens vollends zu verkörpern und diese Qualitäten allzeit aufrechtzuhalten. Diese Zehn Da-Qualitäten sind die höchsten positiven Botschaften. Sie bilden das

---

[8] Ren Xian, Di Xian, Tian Xian und Tao Xian sind die verschiedenen Stufen der heiligen Diener(innen). Sie bedeuten jeweils Heilige der Menschen, Heilige der Mutter Erde, Heilige des Himmels und Heilige des Tao. Die Heiligen der Menschen können die Menschheit harmonisieren und transformieren. Die Heiligen der Mutter Erde können die Mutter Erde harmonisieren und transformieren. Die Heiligen des Himmels können den Himmel harmonisieren und transformieren. Die Heiligen des Tao haben die außerordentlichen Fähigkeiten der Tao-Quelle.

höchste positive Informationssystem. Diese Zehn Da-Qualitäten sind das Wesen der Buddhas, Unsterblichen und höchsten Heiligen.

Ein Mensch hat sowohl positive Informationen oder Botschaften, als auch negative Informationen oder Botschaften in seinem Shen Qi Jing. Die spirituelle Reise eines Menschen besteht darin, positive Shen Qi Jing-Botschaften anzusammeln und negative Shen Qi Jing-Botschaften aufzulösen. Worum geht es im Leben? Das kann in einem Satz zusammengefasst werden:

Leben bedeutet, negative Shen Qi Jing-Botschaften in positive Shen Qi Jing-Botschaften zu transformieren.

Was sind negative Shen Qi Jing-Botschaften? Negative Shen Qi Jing-Botschaften sind negative Botschaften von Seele, Herz, Geist, Energie und Materie.

Negative Botschaften der Seele sind die Informationen über Fehler, die ein Mensch und seine Ahnen in allen Leben begangen haben. Zu diesen Fehlern können auch Tötung, Verletzung, Übervorteilung anderer, Betrug, Diebstahl und mehr gehören.

Zu den negativen Botschaften des Herzens gehören Tan (貪 Gier), Chen (嗔 Ärger), Chi (痴 Mangel an Weisheit bei Maßnahmen, Aktivitäten und Handlungs-, Sprech- und Denkweisen), Man (慢 Ego), Yi (疑 Zweifel), Ming Li (名利 Verlangen nach Ruhm und Reichtum), Egoismus, Unreinheit und mehr.

Zu den negativen Botschaften des Geistes gehören negative Denkweisen, negative Einstellungen, negative Überzeugungen, negatives Verhalten, Ego, Anhaftungen und mehr.

Negative Botschaften der Energie befinden sich zwischen den Zellen und Organen des menschlichen Körpers. Dazu gehören Energieüberschuss, Energiemangel, Energieblockaden und fehlgeleitete Energie.

Negative Botschaften der Materie befinden sich in den Zellen und Organen des menschlichen Körpers. Dazu gehören auffällige Wucherung, Fehlausrichtung, unzureichende Materie, Störungen in der DNS und RNS und mehr.

Beziehungen, Finanzen und alle Aspekte des Lebens können ebenfalls negative Botschaften von Seele, Herz, Geist, Energie und Materie in sich tragen. Wenn Sie Herausforderungen im Bereich Beziehungen, Finanzen oder anderen Aspekten des Lebens haben, dann führt dieser Aspekt zu negativen Informationen oder Botschaften von Seele, Herz, Geist, Energie und Materie.

Abermillionen Menschen haben im Laufe der Zeit nach Übungen gesucht und angewendet, um die höchste Erfüllung der Erleuchtung zu erlangen. Millionen von Menschen haben die großen Buddhas, Unsterblichen und alle möglichen spirituellen Ebenen der höchsten Heiligen studiert, respektiert und geehrt. Ich möchte, dass mehr Menschen die höchste Erfüllung der Erleuchtung erreichen können.

3

Die sechs heiligen Tao-Krafttechniken

DIE TECHNIKEN DER TAO-QUELLE für Selbstheilung und Transformation wurden der Menschheit schon vor langer Zeit gegeben. Sie wurden zum Beispiel über tausende von Jahren in chinesischen energetischen und spirituellen Übungen verwendet. In diesem Kapitel fasse ich die sechs wichtigsten heiligen Tao-Krafttechniken zusammen und teile sie mit der Menschheit, nämlich folgende:

- Körperkraft
- Seelenkraft
- Geisteskraft
- Klangkraft
- Atemkraft
- Tao-Kalligrafiekraft

In den nachfolgenden Kapiteln werden wir diese sechs heiligen Krafttechniken in vielen Übungen anwenden, um das gesamte Leben zu transformieren.

Die Körperkraft

Die Körperkraft nutzt Hand- und Körperhaltungen für die Reinigung und Auflösung von negativem Shen Qi Jing, um sich selbst zu heilen, die Energie zu erhöhen, sich zu verjüngen, das Leben zu verlängern, Beziehungen und Finanzen zu verbessern und mehr.

Im Laufe der Geschichte hat die Menschheit viele verschiedene Hand- und Körperhaltungen genutzt, die Körperkraft in sich tragen. Denken Sie nur zum Beispiel an die vielen verschiedenen Mudras, die im Hinduismus, Yoga, indischen Tanz und mehr eingesetzt werden.

Sie sind symbolische Posen und Gesten, für die der ganze Körper oder nur die Hände und Finger eingesetzt werden können. Viele Mudras tragen tiefgründige spirituelle Bedeutung und Kraft in sich und sind in vielen künstlerischen Abbildungen der großen Heiligen und Buddhas in vielen Traditionen zu sehen.

Die Grundlage der einfachen Körperkraft-Technik, die ich in diesem Buch am häufigsten anwenden werde, kann in einem Satz beschrieben werden:

**Dort wo Sie Ihre Hand hinlegen,
empfangen Sie Selbstheilung und Transformation.**

Die Seelenkraft

Bei der Seelenkraft wird eine Verbindung von Seele zu Seele und von Herz zu Herz hergestellt, indem man *„Hallo"* zur Tao-Quelle, zum Himmel, zur Mutter Erde, Natur, Sonne und zum Mond, sowie zu unzähligen Planeten, Sternen, Galaxien und Universen, als auch zu allen Ebenen der spirituellen Väter und Mütter—Heilige und Buddhas—an die Sie glauben, sagt. Bei der Seelenkraft wird auch *„Hallo"* zur Ihren inneren Seelen, einschließlich der Seelen Ihrer Systeme, Organe, Körperteile, Zellen, Körperräume und mehr gesagt.

Die heilige Anwendung und Weisheit der Seelenkraft kann in einem Satz zusammengefasst werden:

**Mit wem und was Sie sich verbinden und wem und
was Sie „Hallo" sagen, geben Ihnen Heilung und Segen.**

Die Geisteskraft

Geisteskraft ist kreative Visualisierung. Viele Lehrer(innen) haben viele großartige Visualisierungstechniken gelehrt. Eine der kraftvollsten Geisteskraft-Techniken ist die Visualisierung von strahlend goldenem Licht in Ihrem Körper, Ihrer Beziehung oder Ihren Finanzen und mehr. Es gibt ein altes Sprichwort: Jin Guang Zhao Ti, Bai Bing Xiao Chu (金光照體, 百病消除). „Jin" bedeutet *Gold*. „Guang" bedeutet *Licht*. „Zhao" bedeutet *strahlt*. „Ti" bedeutet *Körper*. „Bai" bedeutet *einhundert*, was für *zahlreich* oder *alle Arten* steht. „Bing" bedeutet *Krankheit*. „Xiao Chu" bedeutet *entfernen*. „Jin Guang Zhao Ti, Bai Bing Xiao Chu" bedeutet *goldenes Licht strahlt im Körper, alle Krankheiten werden entfernt.*

Geisteskraft kann in einem Satz zusammengefasst werden:

Sie werden zu dem, was Sie visualisieren.

Die Klangkraft

Klangkraft heißt, heilige Mantren zu chanten oder zu singen. Ein Mantra ist ein Ton oder eine heilsame und transformierende Botschaft, die wiederholt gechantet oder gesungen wird. Es gibt viele heilige Mantren für Selbstheilung und Transformation. Sie können über die Länge einer Silbe („Om") bis zu hunderten von Textzeilen mit Syntax und Bedeutung gehen.

Klangkraft kann in einem Satz zusammengefasst werden:

Sie werden zu dem, was Sie chanten.

Die Atemkraft

Atemkraft bedeutet besondere Atemtechniken anzuwenden.

Es gibt viele Atemtechniken. Viele werden unterrichtet, um Stress abzubauen, Energie zu erhöhen oder einfach die Lungenfunktion zu verbessern. Die Übung für die Atemkontrolle, die im Yoga Pranayama genannt wird, ist eine der bekanntesten altehrwürdigen Übungen, die noch immer häufig angewendet wird.

Atemkraft kann in einem Satz zusammengefasst werden:

Es gibt unterschiedliche Atemtechniken, um verschiedene Teile des Körpers zu entwickeln, selbst zu heilen und zu transformieren.

Die Tao-Kalligrafiekraft

Wie ich in Kapitel 1 erklärt habe, besteht die Tao-Kalligrafiekraft darin, Tao-Kalligrafien nachzuzeichnen, zu chanten und zu schreiben.

Die Tao-Kalligrafie kennt keine Grenzen. Die Tao-Kalligrafie trägt positives Shen Qi Jing der Tao-Quelle in sich, welches das negative Shen Qi Jing des gesamten Lebens, einschließlich Gesundheit, Beziehungen und Finanzen transformieren kann.

Daher werden Tao-Kalligrafien geschrieben, die helfen können:

- Energie, Ausdauer, Vitalität und Immunität zu stärken
- heilsam auf den physischen, emotionalen, mentalen und spirituellen Körper zu wirken
- heilsam auf alle Arten von Beziehungen zu wirken und zu transformieren
- heilsam auf die Finanzen und Geschäfte zu wirken und zu transformieren
- spirituelle Kommunikationskanäle zu öffnen
- Intelligenz und Weisheit zu erhöhen
- Seele, Herz, Geist und Körper zu erleuchten
- und mehr

Die Tao-Kalligrafiekraft kann in einem Satz zusammengefasst werden:

Sie werden zu dem, was Sie von der Tao-Kalligrafie nachzeichnen, chanten oder schreiben.

Die sechs Kräfte werden eine Kraft

Die Anwendung jeder einzelnen der sechs heiligen Krafttechniken ist kraftvoll. Alle sechs heiligen Krafttechniken kombiniert anzuwenden, ist äußerst kraftvoll. Die kombinierte Anwendung aller sechs Krafttechniken kann Ihrer Gesundheit, Ihren Beziehungen, Finanzen und allen Aspekten Ihres Lebens schneller zusätzliches positives Shen Qi Jing der Tao-Quelle bringen.

In diesem Buch werde ich Sie anleiten, alle sechs Tao-Krafttechniken kombiniert für die Selbstheilung und Transformation aller Aspekte Ihres Lebens anzuwenden.

Die Vergebung

Die Vergebung ist ein wichtiger Bestandteil der Seelenkraft als eine der sechs heiligen Tao-Krafttechniken. Die Vergebung ist die kraftvolle, spirituelle und energetische Selbstheilung aller Blockaden—physisch, emotional, mental und spirituell—im Bereich Gesundheit, Beziehungen und Finanzen. Vergeben Sie allen, die Sie ärgern, Sie verletzen oder einen Konflikt mit Ihnen haben. Wenn Sie diesen Menschen bedingungslose Vergebung anbieten können, die Sie verletzen oder ärgern, können Sie unglaubliche Segnungen für die Selbstheilung und Transformation empfangen.

Warum ist das so? Menschen, die Sie verletzt haben, hinterlassen eine negative, verletzende Botschaft in Ihrer Seele, Ihrem Herzen, Unterbewusstsein, Bewusstsein und in Seele, Herz, Geist und Körper all Ihrer Organe und Zellen. Diese negativen Botschaften erzeugen Schwingungen, die bewirken, dass die Transformation zwischen der Materie in den Zellen und der Energie außerhalb der Zellen aus dem Gleichgewicht geraten. Diese Unausgeglichenheit verursacht Krankheiten. Wenn Sie denjenigen den Segen bedingungsloser Vergebung anbieten können, die Sie verletzt haben, werden göttliches Licht und göttliche Liebe die Botschaft Ihrer Verletzung bereinigen, die sich in Ihrer Seele, Ihrem Herz, Geist, Ihren Organen und Zellen eingeprägt hat. Darum kann Vergebung heilsam auf bestehende Krankheiten wirken und vor dem Ausbruch von Krankheiten schützen.

Es ist auch entscheidend, diejenigen um Vergebung zu bitten, die Sie verletzt haben. Wenn diejenigen, die Sie verletzt oder geschädigt haben, Ihnen Vergebung gewähren, werden Sie von ihrer Wut, ihrer Rachsucht und mehr erlöst. Die Prägung der Verletzung muss auf beiden Seiten aufgelöst werden, um die Heilung und Transformation zu vollenden. Sowohl Sie als auch Ihr Gegenüber werden Heilung und Transformation erfahren. Ihre Beziehung erfährt ebenfalls Heilung und Transformation.

Bedingungslose Vergebung lässt sich leicht sagen, ist aber schwer umzusetzen. Je mehr Sie die wahre, bedingungslose Vergebung anbieten können, um so mehr kann umgehende Selbstheilung eintreten. Die möglichen heilsamen Segnungen sind unbegrenzt.

Sie sollten meine Worte nicht einfach nur annehmen. Der physische und emotionale Nutzen der Vergebung ist wissenschaftlich erwiesen. Studien belegen, dass Vergebung Stress reduziert, der durch unausgeglichene Emotionen wie Verbitterung, Wut und Furcht verursacht wird. Wie ein alter Weise einmal sagte: „Bevor du dich auf den Pfad der Rache begibst, grabe zwei Gräber."

4

Selbstheilung und Transformation mit den fünf Elementen

IN DER TRADITIONELLEN CHINESICHEN Medizin gehören die fünf Elemente (Wu Xing 五行) zu den wichtigsten Theorien und Anwendungen. Hochschulen für traditionelle chinesische Medizin bieten sehr tiefgehende Lehren zu den fünf Elementen an.

Die fünf Elemente gehören zu den wichtigsten universellen Gesetzen. Ihre Bedeutung und Kraft kann nicht genug gewürdigt werden.

Was sind die fünf Elemente?

Die fünf Elemente der Natur (Holz 木, Feuer 火, Erde 土, Metall 金, Wasser 水) umfassen und unterteilen die inneren Organe, Sinnesorgane, Körpergewebe und -flüssigkeiten, den emotionalen Körper und mehr eines Menschen. Systeme des Körpers, der Organe und Zellen können alle in die fünf Elemente unterteilt werden. Der Ausgleich der fünf Elemente ist entscheidend in der traditionellen chinesischen Medizin. Die Theorie der Fünf Elemente hat im Laufe der Geschichte Millionen von Menschen geholfen, Krankheiten zu heilen und Seele, Herz, Körper und Geist zu verjüngen.

Um die Weisheit noch auszuweiten: es gibt unzählige Planeten im Universum. Sie können in Holzplaneten, Feuerplaneten, Erdplaneten, Metallplaneten und Wasserplaneten unterteilt werden.

Unzählige Sterne, Galaxien und Universen können ebenfalls in die fünf Elemente unterteilt werden. Die fünf Elemente auszugleichen, ist wichtig für die Heilung unzähliger Planeten, Sterne, Galaxien und Universen.

Die nachstehende Abbildung 8 zeigt, wie Körperorgane, Gewebe, Flüssigkeiten und Emotionen in die fünf Elemente unterteilt werden.

Das Element Holz

Das Element Holz umfasst Leber, Gallenblase, Augen, Sehnen und Nägel im physischen Körper, Wut im emotionalen Körper und mehr.

Das Element Feuer

Das Element Feuer umfasst Herz, Dünndarm, Zunge und alle Blutgefäße im physischen Körper, Angst und Depression im emotionalen Körper und mehr.

Element	Yin-Organ (Zang)	Yang-Organ (Fu)	Körper-gewebe	Körper-flüssig-keit	Sinnes-organ	Unausge-glichene Emotion	Ausge-glichene Emotion
Holz	Leber	Gallenblase	Sehnen Nägel	Tränen	Augen Sehvermögen	Wut	Geduld
Feuer	Herz	Dünndarm	Blutgefäße	Schweiß	Zunge Geschmackssinn	Depression Angst Erregbarkeit	Freude
Erde	Milz	Magen	Muskeln	Speichel	Mund Lippen Sprache	Besorgtheit	Liebe Mitgefühl
Metall	Lungen	Dickdarm	Haut	Schleim	Nase Geruchssinn	Trauer Traurigkeit	Mut
Wasser	Nieren	Blase	Knochen Gelenke	Urin	Ohren Gehör	Furcht	Gelassenheit

Abbildung 8. Die fünf Elemente des physischen und emotionalen Körpers

Das Element Erde

Das Element Erde umfasst Milz, Magen, Mund, Lippen, Zahnfleisch, Zähne und Muskeln des physischen Körpers, Besorgtheit im emotionalen Körper und mehr.

Das Element Metall

Das Element Metall umfasst Lungen, Dickdarm, Nase und Haut im physischen Körper, Traurigkeit und Trauer im emotionalen Körper und mehr.

Das Element Wasser

Das Element Wasser umfasst Nieren, Blase, Ohren, Knochen und Gelenke des physischen Körpers, Furcht im emotionalen Körper und mehr.

Die nachstehende Abbildung 9 zeigt weitere Kategorien der fünf Elemente, einschließlich einige der äußeren Umgebung.

Element	Finger	Ge-schmack	Farbe	Wetter	Jahres-zeit	Himmels	Element	Energie
Holz	Zeige-finger	sauer	grün	windig	Frühling	Osten	Neues Yang	nährend
Feuer	Mittel-finger	bitter	rot	heiß	Sommer	Süden	Volles Yang	ausdeh-nend
Erde	Daumen	süß	gelb	feucht	Wechsel der Jah-reszeiten	Mitte	Ausge-glichenes Ying Yang	stabilisie-rend
Metall	Ringfinger	würzig, scharf	weiß	trocken	Herbst	Westen	Neues Yin	zusam-menzie-hend
Wasser	Kleiner Finger	salzig	blau	kalt	Winter	Norden	Volles Yin	konser-vierend

Abbildung 9. Die fünf Elemente der Natur und mehr

Kraft und Bedeutung der fünf Elemente
für Selbstheilung und Transformation

So wie alle Teile unseres physischen Körpers miteinander verbunden sind, so sind auch die fünf Elemente miteinander verbunden. Die vier Hauptarten der Beziehungen zwischen den fünf Elementen sind:

- nährend
- kontrollierend
- überkontrollierend
- rückwärts kontrollierend

Die *nährende* Beziehung kann als eine Mutter-Kind-Beziehung verstanden werden. Die Mutter gebiert das Kind und ernährt es. Die Mutter nährt und versorgt das Kind. Es gibt fünf Mutter-Kind-Paare innerhalb der fünf Elemente (siehe Abbildung 10):

- Holz nährt (ist die Mutter von) Feuer.
- Feuer nährt Erde.
- Erde nährt Metall.
- Metall nährt Wasser.
- Wasser nährt Holz.

Diese Beziehungen können in der Natur beobachtet werden, in der Holz benötigt wird, um Feuer zu machen, Feuer erzeugt Asche, die auf die Erde fällt, in der Erde kann nach Metall gegraben werden, Metall trägt Wasser (wie in einem Eimer oder einem Rohr) und Pflanzen wachsen im Frühlingsregen.

Wenn man dies auf die Körperorgane anwendet, nährt ein gesundes Mutter-Organ das Kind-Organ. Darum wird eine gesunde Leber (Element Holz) bei ausgeglichener Seele, Energie und Materie (positives Shen Qi Jing) und ohne Blockaden (negatives Shen Qi Jing) Seele, Energie und Materie des Herzens (Element Feuer) vollständig nähren. Auf die gleiche Weise wird ein gesundes Herz die Milz (Element Erde), eine gesunde Milz die Lungen (Element Metall), gesunde Lungen die Nieren (Element Wasser) und gesunde Nieren die Leber (Element Holz) nähren.

Die nährende Mutter-Kind-Beziehung zwischen den fünf Elementen ist äußerst wichtig.

Feuer

Holz

Erde

Wasser   Metall

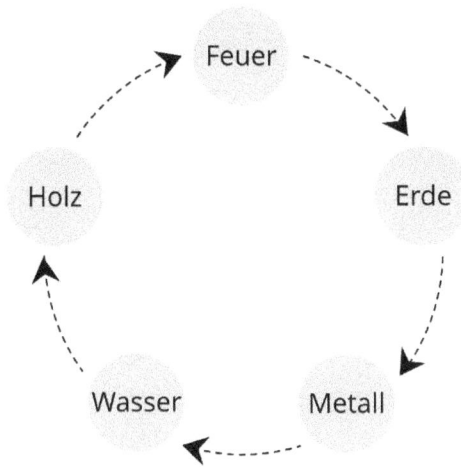

Abbildung 10. Nährende Beziehungen zwischen den fünf Elementen

Die *kontrollierende* Beziehung zeigt die Reihenfolge der Dominanz oder Kontrolle zwischen den fünf Elementen (siehe Abbildung 11):

- Holz kontrolliert Erde.
- Erde kontrolliert Wasser.
- Wasser kontrolliert Feuer.
- Feuer kontrolliert Metall.
- Metall kontrolliert Holz.

In der Natur zieht Holz Nährstoffe aus der Erde, Erde staut Wasser, Wasser löscht Feuer, Feuer schmilzt Metall und Metall fällt Holz.

Die *überkontrollierenden* und *rückwärts kontrollierenden Beziehungen* sind unausgeglichene Beziehungen, die pathologische Bedingungen in den Körperorganen beschreiben und erklären können. Diese Beziehungen und Bedingungen werden durch negative Shen Qi Jing-Blockaden verursacht.

Sie können die Theorie der Fünf Elemente anwenden, die Ihnen helfen, den physischen Körper, mentalen Körper, die Beziehungen und Finanzen auszugleichen. Sie kann angewendet werden, um der Natur Ausgleich zu bringen. Sie kann helfen, Planeten, Sterne, Galaxien und Universen in den Ausgleich zu bringen.

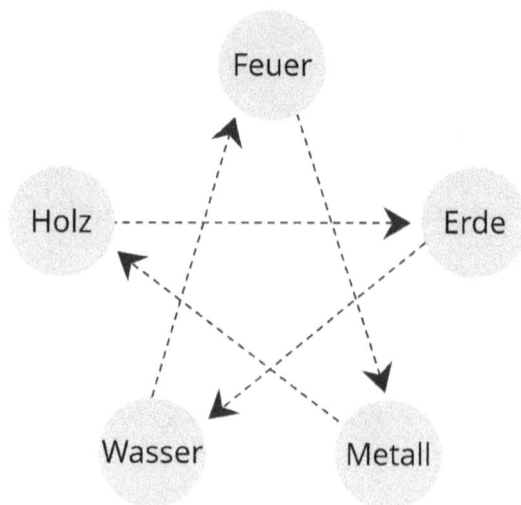

Abbildung 11. Kontrollierende Beziehungen zwischen den fünf Elementen

Eine andere Haupttheorie und Kernlehre der traditionellen chinesischen Medizin wird *Zang Fu* 臟腑 genannt. „Zang" bedeutet *Eingeweide*. „Fu" bedeutet *Gedärme*. Zang Fu umfasst fünf Zang-Organe, sechs Fu-Organe und „außergewöhnliche" Organe.

Die fünf Zang-Organe sind Leber, Herz, Milz, Lungen und Nieren. Das sind die Yin-Organe der fünf Elemente. Fünf der sechs Fu-Organe sind Paar-Organe der Zang-Organe. Sie sind die Yang-Organe der fünf Elemente. (Siehe Abbildung 8.) Folglich sind die fünf Zang-Fu-Paare:

- Element Holz: Leber (Zang), Gallenblase (Fu)
- Element Feuer: Herz (Zang), Dünndarm (Fu)
- Element Erde: Milz (Zang), Magen (Fu)
- Element Metall: Lungen (Zang), Dickdarm (Fu)
- Element Wasser: Nieren (Zang), Blase (Fu)

Das sechste Fu-Organ ist der San Jiao 三焦. „San" bedeutet *drei*. „Jiao" bedeutet *verbrannt*. Der San Jiao oder Dreifach-Erwärmer ist das größte der Organe, auch wenn er kein Organ ist. Er ist eher der Körperraum (drei Eingeweidehöhlen), indem sich alle inneren Organe befinden.

Die Bereiche des San Jiao sind der Obere Jiao, der Mittlere Jiao und der Untere Jiao. Der Obere Jiao ist der Körperbereich oberhalb des Zwerchfells. Er beinhaltet Herz und Lunge. Der Mittlere Jiao ist der Körperraum zwischen Zwerchfell und Bauchnabelhöhe. Er umfasst Pankreas, Magen und Milz. Der Untere Jiao ist der Körperraum zwischen Bauchnabelhöhe bis zum Beckenboden und den Genitalien. Er umfasst Dünndarm und Dickdarm, Blase, Nieren, Fortpflanzungsorgane, Sexualorgane und mehr. Siehe Abbildung 15 auf Seite 92.

Auch wenn die Leber physisch im Mittleren Jiao gelegen ist, glaubt die traditionelle chinesische Medizin, dass die Leber und die Nieren die gleiche Quelle haben und in enger Beziehung zueinander stehen. Die Theorie der Fünf Elemente lehrt, dass die Nieren die Mutter der Leber sind. Darum ist die Leber Teil des Unteren Jiao.

Die „außerordentlichen" Organe umfassen Gehirn, Knochenmark, Knochen und Uterus.

Warum nehme ich die Theorie der Fünf Elemente in diesem Buch auf? Es ist wichtig zu verstehen, dass die Selbstheilung mit den sechs heiligen Tao-Krafttechniken für alle fünf Hauptorgane (Yin-Organe oder Zang-Organe) allem helfen wird, was mit dem jeweiligen Element verbunden ist. Das Yin-Organ ist das Hauptorgan für sein Element, und somit erhalten alle Organe, Gewebe und Flüssigkeiten, die zu diesem Organ gehören zeitgleich mit ihm den heilsamen Nutzen. Die emotionale Unausgeglichenheit, die zu diesem Element gehört, wird auch gleichzeitig heilsamen Nutzen erhalten.

Zum Beispiel ist die Leber das Leitorgan des Elements Holz. Das Element Holz umfasst Gallenblase, Augen, Sehnen und Nägel des physischen Körpers und Wut im emotionalen Körper. Wenn Sie Ihrer Leber Selbstheilung anbieten, werden die anderen Organe (Gallenblase, Augen), Gewebe (Sehnen und Nägel) und die emotionale Unausgeglichenheit (Wut) im Element Holz ebenfalls Selbstheilung, Schutz vor Krankheiten und Verjüngung erhalten. Das gleiche gilt für jedes der fünf Elemente.

In meinen Buch *Wunder der Seelenheilung*,[9] habe ich die Weisheit der fünf Elemente detailliert erklärt. Hier werde ich die Grundlagen der Theorie der Fünf Elemente in der traditionellen chinesischen Medizin zusammenfassen.

Die Leber

- Speichert und reguliert das Blut
- Reguliert und unterstützt den Qi- und Blutfluss
  - Reguliert Emotionen
  - Unterstützt die Verdauung und Ausscheidung von Nahrung
  - Unterstützt den freien Qi- und Blutfluss
- Reguliert und kontrolliert die Sehnen und festigt die Nägel
- Der Leber-Meridian öffnet sich in den Augen, da insbesondere die Augen mit dem Leber-Meridian verbunden sind

Das Herz

- Reguliert das Blut und die Blutgefäße
- Das Herz manifestiert sich im Gesicht
- Ist der Sitz des Geistes und lenkt die geistigen Aktivitäten
- Der Herz-Meridian öffnet sich in der Zunge
- Schweiß ist die Flüssigkeit des Herzens

Die Milz

- Absorbiert, transportiert, verteilt und transformiert Nährstoffe, um den gesamten Körper vom Kopf bis Fuß, von Haut bis Knochen zu nähren
  - Absorbiert, verteilt und transformiert Nährstoffe
  - Transportiert und transformiert Flüssigkeiten
- Kontrolliert und unterstützt den Blutfluss in den Blutgefäßen
- Reguliert die Muskeln und die vier Gliedmaßen
- Der Milz-Meridian öffnet sich im Mund und manifestiert sich in den Lippen

Die Lungen

- Regulieren das Qi, einschließlich des Atmungs-Qi und des Qi des gesamten Körpers

---

[9] Dr. und Master Zhi Gang Sha, *Wunder der Seelenheilung: Altehrwürdige und neue heilige Weisheiten, Erkenntnisse und praktische Techniken für die Selbstheilung des spirituellen, mentalen, emotionalen und physischen Körpers*, mvg Verlag München, 2014.

- Regulieren das Atmungs-Qi
- Regulieren das Qi des gesamten Körpers
- Sie regulieren, fließen abwärts und verteilen das Qi, die Nahrungsessenz und Körperflüssigkeiten an alle Systeme und Meridiane, sowie für Haut, Haare und Muskeln
- Regulieren die Wasserdurchläufe und unterstützen den normalen Wasser-Stoffwechsel
- Der Lungen-Meridian öffnet sich in der Nase

Die Nieren

- Speichern das vor- und nachgeburtliche Jing (Materie) und regulieren die Entwicklung und Fortpflanzung
  - Vererbte Lebensessenz (vorgeburtliches Jing)
  - Entwickelte Lebensessenz (nachgeburtliches Jing)
- Regulieren den Wasser-Stoffwechsel
- Nehmen Qi auf
- Regulieren die Knochen, bilden das Rückenmark, um das Gehirn zu füllen und manifestieren sich im Haar
- Der Nieren-Meridian öffnet sich in den Ohren und beherrscht die vorderen und hinteren Köperöffnungen

Ich möchte die Weisheit der Beziehungen zwischen den physischen Organen und Emotionen und den fünf Elementen noch einmal betonen. Wie wir jetzt wissen, sind Menschen aus vier untereinander verbundenen Bestandteilen und unteilbaren Körpern aufgebaut: dem physischen, emotionalen, mentalen und dem spirituellen Körper. Unausgeglichenheit und Krankheit in einem der Körper wird die anderen Körper beeinflussen und Krankheit in ihnen verursachen.

Die Verbindung zwischen dem physischen und emotionalen Körper wurde vor tausenden von Jahren von Anwendenden der traditionellen chinesischen Medizin erkannt und veröffentlicht. Durch scharfsinnige Beobachtungen wussten chinesische Heiler(innen), dass eine Lebererkrankung im physischen Körper mit Wut und Jähzorn im emotionalen Körper verbunden ist. Das Gegenteil trifft auch zu. Sie verstanden, dass unerlöste Wut im emotionalen Körper Fehlfunktionen der Leber verursachen und zu weiteren Problemen führen kann. Die altehrwürdige Weisheit stellt genau genommen fest, dass Wut eine der häufigsten Ursachen für Krebs ist.

Ähnliche Verbindungen wurden zwischen anderen Emotionen und physischen Organen beobachtet und sind immer noch gültig. Menschen mit Herzproblemen sind anfälliger für Angst, Depression, Erregtheit und extreme Freude im emotionalen Körper. Im umgekehrten Fall können langanhaltende Wut, Depression und Erregtheit oder Freude zu Herzproblemen führen. Milz- und Magenprobleme resultieren oft aus Besorgtheit, weil zu viele Sorgen zu Milz- und Magenproblemen führen können.

Die Verbindung des physischen und emotionalen Körpers erstreckt sich bis zu den Emotionen Trauer und Furcht. Wenn Sie an einer Lungenkrankheit leiden, sind Sie anfälliger für Traurigkeit und Trauer und umgekehrt. Nierenprobleme sind mit Furcht im emotionalen Körper verbunden. Das kann man daran erkennen, dass ungewollter Urinverlust eine häufige Reaktion auf plötzliches Erschrecken ist.

Lassen Sie uns etwas genauer auf die Verbindung zwischen der Wut im emotionalen Körper und der Leber eingehen. Menschen mit Leberschäden wie Hepatitis, Zirrhose oder einem Krebstumor in der Leber sind allgemein schnell verärgert. Das Gegenteil trifft auch zu. Wenn Sie oft wütend und bei der kleinsten Provokation aufbrausend sind, verletzt die ständige Wut Ihre Leber, indem sie ihre Energie blockiert.

Denken Sie an das letzte Mal, als Sie so hitzig mit einem Familienmitglied oder Kolleg(inn)en gestritten haben—oder mit einem Fremden—dass Sie Ihre Beherrschung verloren haben. Unabhängig davon, was Sie wütend gemacht hat, haben Sie vielleicht auch gleichzeitig Ihren Appetit verloren. Diese Erfahrung hat jeder schon einmal gemacht. Wenn Sie wütend sind, stimuliert Wut die Leberzellen und macht sie überaktiv. Infolgedessen fließt mehr Energie als üblich von der Leber aus und erzeugt Druck auf den Magen. Das führt dazu, dass Sie den Appetit verlieren. Appetitverlust ist nur eines der frühen Symptome für durch Wut ausgelösten Leberstress. Andere Anzeichen können Verstopfung, Lebererkrankungen und Krebs sein.

Langfristige Wut, wie anhaltender Groll oder regelmäßige Wutanfälle veranlassen die Leber, ständig zusätzliche Energie auszustrahlen. Wenn das umgebende Gewebe und Organe diese überschüssige Energie nicht schnell genug abbauen können, wird in und um die Leber herum eine Energieblockade aufgebaut. Nach und nach wird die Blockade zu einer Leberfehlfunktion, Lebererkrankung oder anderen Komplikationen, wie Krebs führen.

ജ ജ ര

Die Theorie der Fünf Elemente ist ein universelles Gesetz. Theorie und Praxis der Fünf Elemente lassen sich auf den Menschen anwenden. Sie lassen sich auf Mutter Erde anwenden. Sie lassen sich auf unzählige Planeten, Sterne und Universen anwenden.

Die Theorie der Fünf Elemente ist eines der wichtigsten Heilprinzipien und Weisheiten der traditionellen chinesischen Medizin. Die Weisheit ist fundiert und sehr tiefgreifend. Es gibt Flexibilität und Kreativität innerhalb der fünf Elemente. Sie, liebe Leser(innen), können tiefere Weisheiten und Nutzen erhalten, indem Sie mich im nächsten Kapitel begleiten, um die fünf Elemente anzuwenden, damit sie heilsam auf Ihr Leben wirken und es transformiert.

.

Anwendung der sechs heiligen Tao-Krafttechniken für die Selbstheilung der fünf Elemente des physischen Körpers und des emotionalen Körpers

JEDER MENSCH HAT FÜNF Elemente. Jedes Tier hat fünf Elemente. Alle unzählige Planeten, Sterne, Galaxien und Universen haben fünf Elemente. Die fünf Elemente auszugleichen bedeutet Heilung und Transformation.

Seit Menschengedenken wurden in vielen Kulturen und Traditionen schon drei heilige Techniken für Selbstheilung und Transformation angewendet. Im Chinesischen werden sie wie folgt genannt:

- Shen Mi 身密 bedeutet *Körpergeheimnis*
- Kou Mi 口密 bedeutet *Mundgeheimnis*
- Yi Mi 意密 bedeutet *Denkgeheimnis*

In diesem Buch ist Shen Mi die Körperkraft, Kou Mi die Klangkraft und Yi Mi die Geisteskraft. Ich habe drei zusätzliche heilige Krafttechniken vermittelt, nämlich Seelenkraft, Atemkraft und die Tao-Kalligrafiekraft.

Ich betone noch einmal, dass die Anwendung jeder einzelnen dieser heiligen Krafttechniken kraftvoll ist. Die drei traditionellen Krafttechniken (Körperkraft, Klangkraft, Geisteskraft) kombiniert anzuwenden ist kraftvoller.

Die Anwendung aller sechs heiligen Tao-Krafttechniken kombiniert anzuwenden ist äußerst kraftvoll.

Sie können jeden Tag fünf bis zehn Minuten üben. Sie können dreißig Minuten, eine Stunde oder länger üben. Es gibt keine zeitliche Begrenzung. Je länger Sie üben, desto mehr Nutzen werden Sie daraus ziehen. Ich wünsche mir, dass Sie und alle Leser(innen), alle sechs heiligen Tao-Krafttechniken kombiniert anwenden und üben, um heilsam auf alle Aspekte Ihres Lebens, einschließlich Gesundheit, Beziehungen, Finanzen und mehr, zu wirken und sie zu transformieren.

Lassen Sie uns die sechs heiligen Tao-Krafttechniken kombiniert für die Selbstheilung und Transformation der fünf Elemente des physischen und emotionalen Körpers anwenden.

Das Element Holz

Wenden Sie die sechs heiligen Tao-Krafttechniken an, um das Element Holz, einschließlich Leber (das Zang-Organ des Elements Holz), Gallenblase (das Fu-Organ des Elements Holz), Sehnen und Nägel (die Körpergewebe) und Wut (die unausgeglichene Emotion), selbst zu heilen.

Körperkraft. Legen Sie eine Handfläche auf die Leber. Legen Sie die andere Handfläche auf den Unterbauch unterhalb des Bauchnabels.

Seelenkraft. Sagen Sie „*Hallo*" zu Ihren inneren Seelen:[10]

> *Liebe Seele Herz Geist Körper meiner Leber, Gallenblase, Augen, Sehnen,*
> *Nägel und des emotionalen Körpers des Elements Holz,*
> *ich liebe euch, ehre euch und wertschätze euch.*
> *Ihr habt die Kraft, meine Leber, Gallenblase, Augen, Sehnen und Nägel zu*
> *heilen und zu verjüngen, sowie Wut zu heilen und ihr vorzubeugen.*
> *Macht eure Sache gut.*
> *Danke.*

---

[10] Ihre inneren Seelen sind die Seelen Ihres Shen Qi Jing (Seele, Herz, Geist, Energie, Körper). Das umfasst Ihre „Körperseele" (Ihre Hauptseele), die Seelen Ihrer Systeme, Organe, Gewebe und Zellen, die Seelen der Körperräume und Kanäle in Ihrem Körper und mehr.

Sagen Sie „*Hallo*" zu den äußeren Seelen:[11]

Liebe Tao-Quelle und liebes Göttliche,
liebe Buddhas, Heilige (nennen Sie die Namen der Himmelswesen oder
spirituellen Väter und Mütter, an die Sie glauben),
lieber Himmel, liebe Mutter Erde und unzählige Planeten, Sterne, Galaxien
und Universen,
ich liebe euch, ehre euch und wertschätze euch.
Bitte vergebt meinen Ahnen und mir all die Fehler, die wir in all unseren
Leben in Verbindung mit Leber, Gallenblase, Augen, Sehnen, Nägel und
Wut begangen haben.
Ich bedaure ernsthaft all diese Fehler.
Ich entschuldige mich von ganzem Herzen bei allen Seelen, die meine Ahnen
und ich auf diese Weise verletzt oder geschädigt haben.
Um Vergebung zu erhalten, werde ich bedingungslos dienen. Zu chanten und
zu meditieren ist Dienen.
Ich werde so viel chanten und meditieren, wie ich kann.
Ich werde bedingungslos dienen, so gut ich kann.
Ich vergebe bedingungslos jedem, der mich oder meine Ahnen in allen Leben
verletzt oder geschädigt hat.
Ich bin äußerst dankbar.
Danke.

Geisteskraft. Visualisieren Sie goldenes Licht, das in und um Ihre Leber herum strahlt. Dies ist die grundlegende Visualisierung, die Sie immer anwenden können, die Leber und das gesamte Element Holz selbst zu heilen und zu transformieren. Wenn wir weiter unten zur Klangkraft kommen, werden wir weitere Komponenten hinzufügen, um die Kraft der Visualisierung zu erhöhen.

Atemkraft. Erlauben Sie Ihrem Bauch sich auszudehnen, wenn Sie einatmen. Ziehen Sie Ihren Bauch ein, wenn Sie ausatmen. Achten Sie darauf, dass Sie ruhig, gleichmäßig und natürlich einatmen und ausatmen. Die Dauer und Tiefe jedes Atemzugs—Einatmung und Ausatmung—hängt von

---

[11] Äußere Seelen sind die unzähligen Seelen außerhalb Ihres Shen Qi Jing. Allgemein gesagt, sagen wir „*Hallo*" zu den Führern des Himmels (Tao-Quelle und das Göttliche/Gott) und den Heiligen des Himmels (an die Sie glauben), zu Mutter Erde, zur Sonne, zum Mond und zu den unzähligen Planeten, Sternen, Galaxien und Universen.

Ihrem persönlichen Befinden ab. Das ist von Person zu Person unterschiedlich. Folgen Sie dem Weg der Natur. Wenn Sie mit dieser Übung so fortfahren, werden Dauer und Tiefe Ihrer Atemzüge nach und nach zunehmen.

Ich betone noch einmal, dass es das wichtigste Prinzip ist, *dem Weg der Natur zu folgen*. Achten Sie darauf, Ihre Atemzüge niemals absichtlich zu verlängern. Ihre Atemzüge werden mit mehr Übung von selbst länger werden.

Klangkraft. Wenn wir singen, verbinden wir die Klangkraft mit der Atemkraft und einer weiterentwickelten Geisteskraft. Siehe für diese und andere Übungen in diesem Kapitel auch die Animationen mit meinem Gesang, die für Sie aufgezeichnet wurden.

Schritt 1

a. Atmen Sie ein. Visualisieren Sie goldenes Licht, das von Ihrer Nase durch die Mitte Ihres Körpers hinunter bis zum Beckenboden fließt, wo es eine Kugel in Ihrem ersten Energie-Chakra[12] (erstes Seelenhaus) bildet.

b. Atmen Sie aus. Chanten Sie „Xu" (ausgesprochen *Schü*), den heiligen Ton des Elements Holz. Visualisieren Sie gleichzeitig die Drehung der goldenen Lichtkugel aus dem ersten Seelenhaus zur Leber, wo sie explodiert und von der Leber in alle Richtungen ausstrahlt.

c. Wiederholen Sie die Schritte 1a und 1b insgesamt sieben Mal.

Schritt 2

a. Atmen Sie ein. Visualisieren Sie goldenes Licht, das von der Nase durch die Mitte Ihres Körpers hinunter zum Beckenboden fließt, wo es eine Kugel in Ihrem ersten Energie-Chakra (erstes Seelenhaus) bildet.

b. Atmen Sie aus. Chanten Sie „Xu Xu Xu". Visualisieren Sie gleichzeitig die Drehung der goldenen Lichtkugel aus dem ersten Seelenhaus zur Leber, wo sie sich dreht, explodiert und in alle Richtungen ausstrahlt.

---

[12] Am Beckenboden befindet sich ein faustgroßer Körperraum. Er ist ein spirituelles Energiezentrum, das in den altehrwürdigen Lehren der Veden und des Hinduismus Wurzelchakra genannt wird. Das ist die erste von sieben Haupt-Chakren, die ich unterrichte und die auch die Häuser für die Körperseele sind. In Kapitel 8 werden Sie mehr über die Kraft und Bedeutung der Chakren/Seelenhäuser, sowie über ihre große Bedeutung für die Selbstheilung und Transformation erfahren. Siehe Abbildung 14 auf Seite 90.

c. Wiederholen Sie die Schritte 2a und 2b insgesamt vier Mal.

Schritt 3

a. Atmen Sie ein. Die gleiche Visualisierung wie in Schritt 1a und 2a.

b. Atmen Sie aus. Chanten Sie:

Xu Ya (ausgesprochen *Schü Ja*)
Xu Ya Xu Ya You (ausgesprochen *Schü Ja Schü Ja Jou)*
Xu Ya Xu Ya You
Xu Ya Xu Ya Xu Ya You
Xu Ya Xu Ya Xu Ya Xu Ya You

Atmen Sie beim Chanten dieser fünf Zeilen nach jeder Zeile schnell ein und visualisieren Sie die Drehung der goldenen Lichtkugel wie folgt:

Wenn Sie die Zeile 1 chanten, dreht sich die goldene Lichtkugel aus dem ersten Energie-Chakra (Seelenhaus) zur Leber hinauf, dann zum Kun Gong[13], und zurück zum ersten Seelenhaus.

Wenn Sie die Zeilen 2 bis 5 chanten, dreht sich die goldene Lichtkugel aus dem ersten Energie-Chakra (Seelenhaus) zur Leber, dann zum Kun Gong und zurück zum Wurzel-Chakra. Visualisieren Sie die goldene Lichtkugel, wie sie sich in einem Kreislauf bewegt, wenn Sie in diesen Zeilen das „You" chanten. Sie gelangt durch ein unsichtbares Loch vor dem Steißbein in das Rückenmark, fließt dann über das Rückenmark zum Bereich des Hinterkopfs und durch das Gehirn hinauf zum Kronen-Chakra (siebtes Seelenhaus) auf Ihrem Kopf. Von dort bewegt sie sich durch Ihre Nasenhöhle zurück zum Gaumen und dann durch das fünfte, vierte, dritte und zweite Chakra (Seelenhaus) zurück zum Wurzel-Chakra (erstes Seelenhaus). Siehe Abbildung 14 auf Seite 90.

---

[13] „Kun" ist der Name eines der Hexagramme in *Yi Jing* (*I Ching*). „Gong" bedeutet *Tempel*. Das Kun Gong ist ein Körperraum, der sich hinter dem Bauchnabel befindet. Der Kun Gong ist sehr bedeutsam für das Qi, für die Erleuchtung des Körpers, für die fortgeschrittene spirituelle Reise und vieles mehr. Siehe mein Buch *Tao II: The Way of Healing, Rejuvenation, Longevity, and Immortality* (New York/Toronto: Atria Books/ Heaven's Library Publication Corp., 2010), um mehr über den Kun Gong zu erfahren. Der Kun Gong ist am bedeutsamsten für das tägliche Leben, weil es der Ort ist, in dem sich die „Öllampe" befindet, die das physische Leben aufrecht erhält und nährt.

c. Wiederholen Sie die Schritte 3a und 3b insgesamt vier Mal.

Sie können laut oder im Stillen chanten. Sie üben am Besten, indem Sie jedes Mal sowohl Yang, als auch Yin chanten.

Tao-Kalligrafiekraft. Tao-Kalligrafie trägt das Shen Qi Jing des Tao in sich, d. h. Seele, Herz, Geist, Energie und Materie der Tao-Quelle. Dieses Informationssystem des positiven Shen Qi Jing der Tao-Quelle kann negatives Shen Qi Jing des Elements Holz und alle Aspekte Ihres Lebens transformieren. Ich füge diesem Buch bewusst eine Tao-Kalligrafie hinzu, um die Selbstheilung und Transformation Ihres Elements Holz zu unterstützen.

Abschluss. Beenden Sie Ihre Übungssitzung für Selbstheilung, Segnung, Verjüngung und Transformation, indem Sie sagen:

> *Hao. Hao. Hao.* (Mandarin-Chinesisch für *gut, perfekt, gesund,*
> ausgesprochen *Hau*)
> *Danke. Danke. Danke.* (an alle Seelen, die Ihre Übung unterstützen)

Die Tao-Kalligrafie *Xu* (Abbildung 12) trägt das positive Shen Qi Jing der Tao-Quelle in sich und transformiert das negative Shen Qi Jing des Elements Holz, einschließlich Leber, Gallenblase, Augen, Sehnen, Nägel und dient der Selbstheilung und Schutz vor Wut.

Wie ich in Kapitel 1 erwähnt habe, können Sie die Tao-Kalligrafie vorwiegend auf drei Arten anwenden: nachzeichnen, chanten, schreiben.

1. Nachzeichnen der Tao-Kalligrafie

Es gibt heilige Verbindungen zwischen den fünf Fingern und den fünf Elementen über die Energiekanäle.

Der Zeigefinger ist mit dem Element Holz, einschließlich Leber, Gallenblase, Augen, Sehnen, Nägeln und Wut im emotionalen Körper und mehr verbunden.

Der Mittelfinger ist mit dem Element Feuer, einschließlich Herz, Dünndarm, Blutgefäße, Zunge, Depression und Angst im emotionalen Körper und mehr verbunden.

Der Ringfinger ist mit dem Element Metall, einschließlich Lungen, Dickdarm, Haut, Nase, Traurigkeit und Trauer im emotionalen Körper und mehr verbunden.

Der kleine Finger ist mit dem Element Wasser, einschließlich Nieren, Blase, Knochen und Gelenken, Furcht im emotionalen Körper und mehr verbunden.

Der Daumen ist mit dem Element Erde, einschließlich Milz, Magen, Muskeln, Mund, Lippen, Zahnfleisch, Zähnen, Besorgtheit im emotionalen Körper und mehr verbunden.

All diese Verbindungen bestehen durch die Meridiane. Die Meridiane sind die Energieleitbahnen. Darum wird das positive Shen Qi Jing-Feld der Tao-Quelle zu Ihrem Element Holz kommen, um heilsam zu wirken und es zu transformieren, wenn Sie die Tao-Quelle Kalligrafie *Xu* mit Ihren Fingerspitzen (siehe Abbildung 4 auf Seite 8) oder Ihrem Dan (siehe Abbildung 6 auf Seite 9) nachzeichnen. Schauen Sie sich den Verlauf für das Nachzeichnen der Tao-Kalligrafie *Xu* in Abbildung 13 an.

Ich betone noch einmal:

> **Mit dem Nachzeichnen der Tao-Kalligrafie erhalten Sie das positive Shen Qi Jing der Tao-Kalligrafie, um das negative Shen Qi Jing in Ihrem Körper selbst zu heilen und zu transformieren.**

Das positive Shen Qi Jing, das die Tao-Kalligrafie in sich trägt, erzeugt das Heilungsfeld der Tao-Kalligrafie. Eine Tao-Kalligrafie nachzuzeichnen bedeutet, sich mit ihrem Feld zu verbinden. *Sie werden zu dem, was Sie nachzeichnen.*

2. Chanten des heiligen Tons der Tao-Kalligrafie

Den heiligen Ton zu chanten bedeutet, das positive Shen Qi Jing zu verkörpern, das die Tao-Kalligrafie in sich trägt. Eine Tao-Kalligrafie zu chanten heißt auch, sich mit ihrem Feld zu verbinden. *Sie werden zu dem, was Sie chanten.*

Abbildung 12. Die Tao-Kalligrafie *Xu*, der heilige Ton für das Element Holz

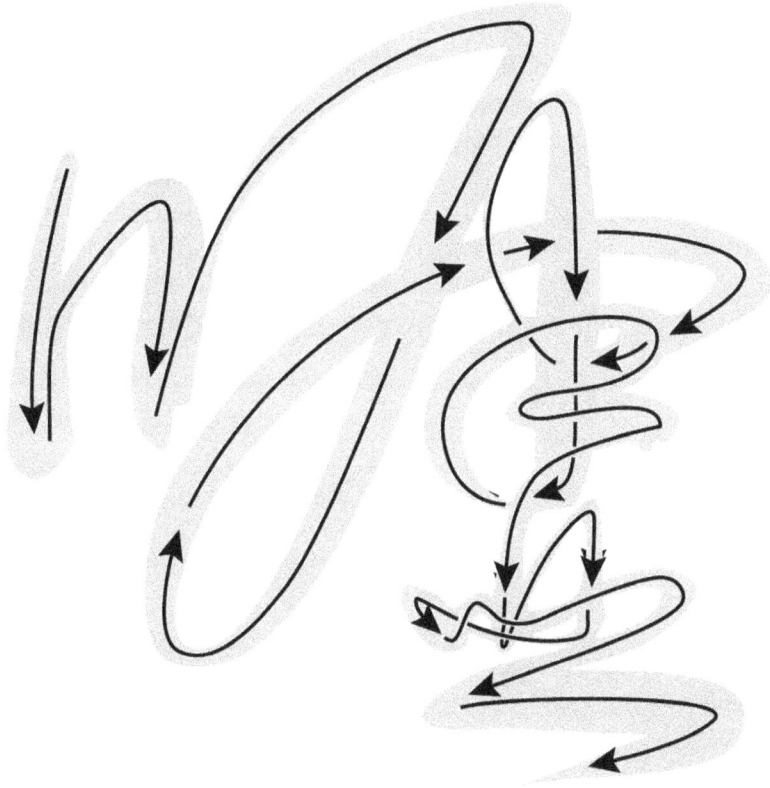

Abbildung 13. Der Verlauf für das Nachzeichnen der Tao-Kalligrafie „Xu"

3. Schreiben der Tao-Kalligrafie

Sie können einen Pinsel benutzen, um Tao-Kalligrafie zu schreiben, aber Sie können auch einen beliebigen Stift benutzen. Meine ausgebildeten und zertifizierten Tao-Kalligrafie-Lehrer(innen) und ich bieten ein besonderes Trainingsprogramm an, um Ihnen beizubringen, wie man einen Pinsel zum Schreiben einer offiziellen Yi Bi Zi-Kalligrafie benutzt. Tao-Kalligrafie zu schreiben ist eine der kraftvollsten Methoden, um sich mit dem Heilungsfeld der Tao-Kalligrafie zu verbinden. *Sie werden zu dem, was Sie schreiben.*

Wenn Sie eine Tao-Kalligrafie nachzeichnen oder schreiben, wird das Nachzeichnen oder Schreiben zu Ihrer Körperkraft. (Wir werden uns auf das Nachzeichnen konzentrieren.) Es könnte schwierig sein, mehrere heilige

Tao-Krafttechniken kombiniert anzuwenden, wenn Sie Tao-Kalligrafiekraft durch Nachzeichnen anwenden. Entspannen Sie sich. Machen Sie es einfach so gut Sie können. Zum Beispiel können Sie einfach nur kombiniert mit Chanten (Klangkraft) nachzeichnen. Sie können nachzeichnen und einfach meinem Gesang auf den Videos zuhören, zu denen Sie Zugang haben. (Siehe Seite xi.) Sie können sogar *nur* die Tao-Kalligrafiekraft anwenden, nachdem Sie den übrigen Teil der Übung abgeschlossen haben. Wenn Sie erst einmal die *„Sag Hallo Anrufung"* der Seelenkraft abgeschlossen haben, wird jede der anderen heiligen Tao-Krafttechniken in der Übung die Aufgabe der Selbstheilung und Transformation unterstützen, egal ob sie einzeln oder kombiniert angewendet werden.

Übungen mit wechselnden Yin-Yang-Paaren

Ich möchte ein weiteres Geheimnis über die Anwendung der sechs heiligen Tao-Krafttechniken mitteilen. Wir leben in einer Yin-Yang-Welt. Wir leben zwischen Himmel und Mutter Erde. Der Himmel gehört zu Yang. Mutter Erde gehört zu Yin.

Für den Himmel, Mutter Erde und die Menschen ist Yin-Yang das höchste spirituelle Gesetz und Prinzip. Alle Lebewesen und Dinge können in Yin-Yang-Aspekte unterteilt werden. Die sechs heiligen Tao-Krafttechniken sind in Yin-Yang-Aspekte unterteilt.

Die eine Handfläche auf die Leber und die andere Handfläche auf den Unterbauch zu legen, ist ein Yin-Yang-Paar innerhalb der Körperkraft.

Xu laut zu chanten und *Xu* im Stillen zu chanten, bilden ein Yin-Yang-Paar innerhalb der Klangkraft.

Ihren Geist auf die Leber zu konzentrieren und sich auf den ganzen Körper zu konzentrieren, ist ein Yin-Yang-Paar innerhalb der Geisteskraft.

Das Anrufen äußerer Seelen (Tao-Quelle, Natur, unzählige Planeten, Sterne, Galaxien und Universen, das Göttliche, der Himmel, alle Arten von Heiligen und Buddhas) und das Anrufen Ihrer inneren Seelen (das Shen Qi Jing Ihres Körpers, der Systeme, Organe, Zellen, Körperräume), um Ihre Leber und Ihren Körper zu segnen, sind ein Yin-Yang-Paar innerhalb der Seelenkraft.

Das Einatmen und Ausatmen sind ein Yin-Yang-Paar innerhalb der Atemkraft.

Die Tao-Kalligrafie *Xu* zu chanten und nachzuzeichnen für die Segnung, Selbstheilung und Verjüngung Ihrer Leber, sind ein Yin-Yang-Paar innerhalb der Tao-Kalligrafiekraft.

Warum ist die Übung mit wechselnden Yin-Yang-Paaren heilig und so wichtig? Das kann in einem Satz zusammengefasst werden:

Mit wechselnden Yin-Yang-Paaren zu üben bedeutet,
Yin und Yang auszugleichen und Yin und Yang
zu vereinen für Selbstheilung und Transformation.

Yin Yang ist ein universelles Gesetz. Yin und Yang zu vereinen, kann größte Selbstheilung und Transformation bewirken.

Wie Sie weitere Tao-Kalligrafien finden, um Tao-Kalligrafiekraft anzuwenden

Ich füge die Tao-Kalligrafie *Xu* diesem Buch als Geschenk bei. Wie Sie bereits gelernt haben, ist Xu ein heiliger Ton, um heilsam auf das Element Holz zu wirken und zu transformieren. Diese Tao-Kalligrafie dient also hauptsächlich Ihrem Element Holz.

Wie können Sie dann Tao-Kalligrafiekraft im Verlauf dieses Kapitels (für die vier anderen Elemente) und wohl im Rest dieses Buches (für den mentalen Körper, spirituellen Körper, die sieben Energie-Chakren, Beziehungen, Finanzen und mehr) anwenden?

Jedes meiner Bücher, die seit 2013 veröffentlicht wurden, enthält mindestens eine Tao-Kalligrafie. Ich empfehle die Anwendung der Tao-Kalligrafie *Da Ai* (Größte Liebe) in meinem gleichnamigen Buch aus 2017[14] oder die Tao-Kalligrafie *Da Kuan Shu* (Größte Vergebung) in meinem gleichnamigen

---

[14] Dr. und Master Zhi Gang Sha, Master Maya Mackie and Master Francisco Quintero, *Greatest Love: Unblock Your Life in 30 Minutes a Day with the Power of Unconditional Love*, Dallas, TX/Richmond Hill, ON: BenBella Books/Heaven's Library Publication Corp., 2017.

Buch aus 2019.[15] Diese Bücher beinhalten viele andere Methoden, die nützlich sein können, und sie sind Taschenbücher, also leicht mitzunehmen.

Sie können auch laminierte Karten (10 cm x 15 cm oder kleiner) vieler meiner Tao-Kalligrafien, einschließlich aller Zehn Da-Qualitäten und *Xiang Ai Ping An He Xie* (Liebe Frieden Harmonie), erwerben.

Wenn Sie die obigen Möglichkeiten nicht nutzen können, verwenden Sie die Tao-Kalligrafie *Da Ai* auf der Rückseite dieses Buches zum Nachzeichnen.

Die beste Übungsmethode ist in eines meiner Master Sha Tao-Zentren zu gehen. Sie haben die kraftvollsten Tao-Kalligrafie-Heilungsfelder, die von dreißig bis über hundert meiner originalen Tao-Kalligrafien für alle Arten von Organen, Körperteilen, Körpergeweben, emotionalen Störungen, Zehn Da-Qualitäten, anderen wichtigen Körperräumen und mehr, erzeugt werden. Seit Anfang 2020 gibt es weltweit zehn solcher, von mir gegründeter Zentren. Sie befinden sich in:

- Toronto, Ontario
- Honolulu, Hawaii
- San Francisco, Kalifornien
- Vancouver, British Columbia
- London, England
- Amersfoort, Niederlande
- Antwerpen, Belgien
- Sydney, Australien
- Bordeaux, Frankreich
- Martinique

Nehmen Sie an einem der Kurse meiner Tao Chang Grandmasters oder Master Teachers and Healers teil, um Zugang zum höchsten und positivsten Informationssystem der Tao-Kalligrafie-Heilungsfelder zu erhalten. Viele Klassen und Übungskurse werden als Fernkurse über Webcasts live angeboten, sodass Sie Kurse finden können, die für Sie geeignet sind.

---

[15] Dr. und Master Zhi Gang Sha, Master Cynthia Deveraux and Master David Lusch, *Greatest Forgiveness: Bring Joy and Peace to Your Life with the Power of Unconditional Forgiveness*, Dallas, TX/Richmond Hill, ON: BenBella Books/Heaven's Library Publication Corp., 2019.

Das Element Feuer

Wenden Sie die sechs heiligen Krafttechniken an, um das Element Feuer, einschließlich Herz (das Zang-Organ des Elements Feuer), Dünndarm (das Fu-Organ des Elements Feuer), Zunge (das Sinnesorgan), Blutgefäße (die Körpergewebe) und Depression und Angst (die unausgeglichenen Emotionen) selbst zu heilen.

Körperkraft. Legen Sie eine Handfläche auf das Herz. Legen Sie die andere Handfläche auf den Unterbauch unterhalb des Bauchnabels.

Seelenkraft. Sagen Sie „*Hallo"* zu Ihren inneren Seelen:

> *Liebe Seele Herz Geist Körper meines Dünndarms, meine Zunge, Blutgefäße*
> *und des emotionalen Körpers des Elements Feuer,*
> *ich liebe euch, ehre euch und wertschätze euch.*
> *Ihr habt die Kraft, mein Herz, meinen Dünndarm, meine Zunge und*
> *Blutgefäße zu heilen und zu verjüngen, sowie Depressionen und Angst zu*
> *heilen und ihnen vorzubeugen.*
> *Macht eure Sache gut.*
> *Danke.*

Sagen Sie „*Hallo"* zu äußeren Seelen:

> *Liebe Tao-Quelle und liebes Göttliche,*
> *liebe Buddhas, Heilige* (nennen Sie die himmlischen Wesen oder
> spirituellen Väter und Mütter, an die Sie glauben),
> *lieber Himmel, liebe Mutter Erde und unzählige Planeten, Sterne, Galaxien*
> *und Universen,*
> *ich liebe euch, ehre euch und wertschätze euch.*
> *Bitte vergebt meinen Ahnen und mir all die Fehler, die wir in all unseren*
> *Leben in Verbindung mit Herz, Dünndarm, Zunge, Blutgefäßen,*
> *Depression und Angst begangen haben.*
> *Ich bedaure ernsthaft all diese Fehler.*
> *Ich entschuldige mich von ganzem Herzen bei allen Seelen, die meine Ahnen*
> *und ich auf diese Weise verletzt oder geschädigt haben.*
> *Um Vergebung zu erhalten, werde ich bedingungslos dienen.*
> *Zu chanten und zu meditieren ist Dienen.*
> *Ich werde so viel chanten und meditieren, wie ich kann.*
> *Ich werde bedingungslos dienen, so gut ich kann.*

Ich vergebe bedingungslos jedem, der mich oder meine Ahnen in allen Leben
verletzt oder geschädigt hat.
Ich bin äußerst dankbar.
Danke.

Geisteskraft. Visualisieren Sie goldenes Licht, das im Herzen und um das Herz herum strahlt.

Atemkraft. Atmen Sie ein und dehnen Sie Ihren Bauch aus. Atmen Sie aus und ziehen Sie Ihren Bauch ein. Atmen Sie ruhig, gleichmäßig und natürlich ein und aus. Denken Sie daran, dass die Länge beim Einatmen und Ausatmen von Ihrem persönlichen Befinden abhängt.

Klangkraft. Wenn wir singen, verbinden wir die Klangkraft mit der Atemkraft und einer weiterentwickelten Geisteskraft.

Schritt 1

a. Atmen Sie ein. Visualisieren Sie goldenes Licht, das von der Nase durch die Mitte Ihres Körpers hinunter zum Beckenboden fließt, wo es eine Kugel in Ihrem ersten Energie-Chakra (erstes Seelenhaus) bildet.

b. Atmen Sie aus. Chanten Sie „Ah", den heiligen Ton des Elements Feuer. Visualisieren Sie gleichzeitig die Drehung der goldenen Lichtkugel aus dem ersten Seelenhaus hinauf zum Herzen, wo sie explodiert und von dort aus in alle Richtungen ausstrahlt.

c. Wiederholen Sie die Schritte 1a und 1b insgesamt sieben Mal.

Schritt 2

a. Atmen Sie ein. Visualisieren Sie das goldene Licht, das von der Nase durch die Mitte Ihres Körpers hinunter zum Beckenboden fließt, wo es eine Kugel in Ihrem ersten Energie-Chakra (erstes Seelenhaus) bildet.

b. Atmen Sie aus. Chanten Sie „Ah Ah Ah." Visualisieren Sie gleichzeitig die Drehung der goldenen Lichtkugel aus dem ersten Seelenhaus hinauf zum Herzen, wo sie sich dreht, explodiert und von dort aus in alle Richtungen ausstrahlt.

c. Wiederholen Sie die Schritte 2a und 2b insgesamt vier Mal.

Schritt 3

a. Atmen Sie ein. Die gleiche Visualisierung wie in Schritt 1a und 2a.

b. Atmen Sie aus. Chanten Sie:

Ah Ya (ausgesprochen *Ah Ja*)
Ah Ya Ah Ya You (ausgesprochen *Ah Ja Ah Ja Jou*)
Ah Ya Ah Ya You
Ah Ya Ah Ya Ah Ya You
Ah Ya Ah Ya Ah Ya Ah Ya You

Atmen Sie beim Chanten dieser fünf Zeilen nach jeder Zeile schnell ein und visualisieren Sie die Drehung der goldenen Lichtkugel wie folgt:

Wenn Sie die Zeile 1 chanten, dreht sich die goldene Lichtkugel aus dem ersten Chakra (Seelenhaus) hinauf zum Herzen, dann zum Kun Gong und zurück zum Wurzel-Chakra (erstes Seelenhaus).

Wenn Sie die Zeilen 2 bis 5 chanten, dreht sich die goldene Lichtkugel aus dem ersten Energie-Chakra (Seelenhaus) hinauf zum Herzen, dann zum Kun Gong und zurück zum ersten Seelenhaus. Visualisieren Sie die goldene Kugel, wie sie sich in einem Kreislauf bewegt, wenn Sie in diesen Zeilen das „You" chanten. Sie gelangt durch ein unsichtbares Loch vor dem Steißbein in das Rückenmark, fließt dann über das Rückenmark zum Bereich des Hinterkopfs und durch das Gehirn hinauf zum Kronen-Chakra (siebtes Seelenhaus) auf Ihrem Kopf. Von dort bewegt sie sich durch Ihre Nasenhöhle zurück zum Gaumen und dann durch das fünfte, vierte, dritte und zweite Chakra (Seelenhaus) zurück zum Wurzel-Chakra (erstes Seelenhaus). Siehe Abbildung 14 auf Seite 90.

c. Wiederholen Sie die Schritte 3a und 3b insgesamt vier Mal.

Sie können laut oder im Stillen chanten. Sie üben am Besten, indem Sie jedes Mal sowohl Yang, als auch Yin chanten.

Tao-Kalligrafiekraft. Zeichnen Sie *Da Ai*, Größte Liebe, oder *Da Kuan Shu*, Größte Vergebung, nach. (Siehe „Wie Sie weitere Tao-Kalligrafien finden, um Tao-Kalligrafiekraft anzuwenden" auf Seite 61 weiter oben.)

Wenn Sie nachzeichnen, wird das Nachzeichnen Ihre Körperkraft. Machen Sie sich keine Gedanken darüber, verschiedene andere heilige Tao-Kraft-techniken kombiniert anzuwenden, während Sie nachzeichnen. Entspannen Sie sich und machen Sie das, was Ihnen natürlich und mit Leichtigkeit gelingt. Wenn Sie erst einmal die *„Sag Hallo Anrufung"* der Seelenkraft abgeschlossen haben, wird jeder der anderen Tao-Krafttechniken in der Übung die Aufgabe der Selbstheilung und Transformation unterstützen, egal ob sie einzeln oder kombiniert angewendet werden.

Abschluss. Beenden Sie die Übungssitzung, indem Sie sagen:

Hao. Hao. Hao.
Danke. Danke. Danke.

Das Element Erde

Wenden Sie die sechs heiligen Krafttechniken an, um Ihr Element Erde einschließlich Milz (das Zang-Organ des Elements Erde), Magen (das Fu-Organ des Elements Erde), Mund, Lippen, Zähne und Zahnfleisch (das Sinnesorgan), Muskeln (das Körpergewebe) und Besorgtheit (die unausgeglichene Emotion) selbst zu heilen.

Körperkraft. Legen Sie eine Handfläche auf die Milz. Legen Sie die andere Handfläche auf den Unterbauch unterhalb des Bauchnabels.

Seelenkraft. Sagen Sie *„Hallo"* zu Ihren inneren Seelen:

Liebe Seele Herz Geist Körper meiner Milz, meines Magens, Mundes, meiner
Lippen, Zähne, meines Zahnfleischs, meiner Muskeln und des emotionalen
Körpers des Elements Erde,
ich liebe euch, ehre euch und wertschätze euch.
Ihr habt die Kraft, meine Milz, meinen Magen, Mund, meine Lippen, Zähne,
mein Zahnfleisch und meine Muskeln zu heilen und zu verjüngen, sowie
Besorgtheit aufzulösen und ihr vorzubeugen.
Macht eure Sache gut.
Danke.

Sagen Sie *„Hallo"* zu äußeren Seelen:

Liebe Tao-Quelle und liebes Göttliche,
liebe Buddhas und Heilige (nennen Sie die himmlischen Wesen oder
spirituellen Väter und Mütter, an die Sie glauben),
lieber Himmel, liebe Mutter Erde und unzählige Planeten, Sterne, Galaxien
und Universen,

ich liebe euch, ehre euch und wertschätze euch.

Bitte vergebt meinen Ahnen und mir für all die Fehler, die wir in all unseren Leben in Verbindung mit Milz, Magen, Mund, Lippen, Zähnen, Zahnfleisch, Muskeln und Besorgtheit begangen haben.

Ich bedaure ernsthaft all diese Fehler.

Ich entschuldige mich von ganzem Herzen bei allen Seelen, die meine Ahnen und ich auf diese Weise verletzt oder geschädigt haben.

Um Vergebung zu erhalten, werde ich bedingungslos dienen. Zu chanten und zu meditieren ist Dienen.

Ich werde so viel chanten und meditieren, wie ich kann.

Ich werde bedingungslos dienen, so gut ich kann.

Ich vergebe bedingungslos jedem, der mich oder meine Ahnen in allen Leben verletzt oder geschädigt hat.

Ich bin äußerst dankbar.

Danke.

Geisteskraft. Visualisieren Sie goldenes Licht, das in und um die Milz herum strahlt.

Atemkraft. Atmen Sie ein und dehnen Sie Ihren Bauch aus. Atmen Sie aus und ziehen Sie Ihren Bauch ein. Achten Sie darauf, dass Sie ruhig, gleichmäßig und natürlich einatmen und ausatmen. Achten Sie darauf, dass die Länge beim Einatmen und Ausatmen von Ihrem persönlichen Befinden abhängt.

Klangkraft. Wenn wir singen, verbinden wir die Klangkraft mit der Atemkraft und einer weiterentwickelten Geisteskraft.

Schritt 1

a. Atmen Sie ein. Visualisieren Sie goldenes Licht, das von der Nase durch die Mitte Ihres Körpers hinunter zum Beckenboden fließt, wo es eine Kugel in Ihrem ersten Energie-Chakra (erstes Seelenhaus) bildet.

b. Atmen Sie aus. Chanten Sie „Hu" (ausgesprochen *Huh*), den heiligen Ton des Elements Erde. Visualisieren Sie gleichzeitig die Drehung der goldenen Lichtkugel aus dem ersten Seelenhaus hinauf zur Milz, wo sie explodiert und in alle Richtungen der Milz ausstrahlt.

c. Wiederholen Sie die Schritte 1a und 1b insgesamt sieben Mal.

Schritt 2

a. Atmen Sie ein. Visualisieren Sie goldenes Licht, das von der Nase durch die Mitte Ihres Körpers hinunter zum Beckenboden fließt, wo es eine Kugel in Ihrem ersten Energie-Chakra (erstes Seelenhaus) bildet.

b. Atmen Sie aus. Chanten Sie „Hu Hu Hu." Visualisieren Sie gleichzeitig die Drehung der goldenen Lichtkugel aus dem ersten Seelenhaus hinauf zur Milz, wo sie sich dreht, explodiert und von dort aus in alle Richtungen ausstrahlt.

c. Wiederholen Sie die Schritte 2a und 2b insgesamt vier Mal.

Schritt 3

a. Atmen Sie ein. Die gleiche Visualisierung wie in Schritt 1a und 2a.

b. Atmen Sie aus. Chanten Sie:

Hu Ya (ausgesprochen *Hu Ja*)
Hu Ya Hu Ya You (ausgesprochen *Hu Ja Hu Ja Jou*)
Hu Ya Hu Ya You
Hu Ya Hu Ya Hu Ya You
Hu Ya Hu Ya Hu Ya Hu Ya You

Atmen Sie beim Chanten dieser fünf Zeilen nach jeder Zeile schnell ein und visualisieren Sie die Drehung der goldenen Lichtkugel wie folgt:

Wenn Sie die Ziele 1 chanten, dreht sich die goldene Lichtkugel aus dem ersten Chakra (Seelenhaus) hinauf zur Milz, dann zum Kun Gong und zurück zum Wurzel-Chakra (erstes Seelenhaus).

Wenn Sie die Zeilen 2 bis 5 chanten, dreht sich die goldene Lichtkugel aus dem ersten Energie-Chakra (Seelenhaus) hinauf zur Milz, dann zum Kun Gong und zurück zum ersten Seelenhaus. Visualisieren Sie die goldene Kugel, wie sie sich in einem Kreislauf bewegt, wenn Sie in diesen Zeilen das „You" chanten. Sie gelangt durch ein unsichtbares Loch vor dem Steißbein in das Rückenmark, fließt dann über das Rückenmark zum Bereich des Hinterkopfs und durch das Gehirn hinauf zum Kronen-Chakra (siebtes Seelenhaus) auf Ihrem Kopf. Von dort bewegt sie sich durch Ihre Nasenhöhle zurück zum Gaumen und dann durch das fünfte, vierte, dritte und zweite Chakra (Seelenhaus) zurück zum Wurzel-Chakra (erstes Seelenhaus). Siehe Abbildung 14 auf Seite 90.

c. Wiederholen Sie die Schritte 3a und 3b insgesamt vier Mal.

Sie können laut oder im Stillen chanten. Sie üben am besten, indem Sie jedes Mal sowohl Yang, als auch Yin chanten.

Tao-Kalligrafiekraft. Zeichnen Sie *Da Ai*, Größte Liebe, oder *Da Kuan Shu*, Größte Vergebung, nach. (Siehe „Wie Sie weitere Tao-Kalligrafien finden, um Tao-Kalligrafiekraft anzuwenden" auf Seite 61 weiter oben.)

Wenn Sie nachzeichnen, wird das Nachzeichnen Ihre Körperkraft. Sie können das Nachzeichnen mit Geisteskraft, Klangkraft und/oder Atemkraft kombinieren, wenn Sie möchten, oder Sie können sich auch einfach nur auf das Nachzeichnen konzentrieren.

Abschluss. Beenden Sie Ihre Übungssitzung, indem Sie sagen:

Hao. Hao. Hao.
Danke. Danke. Danke.

Das Element Metall

Wenden Sie die sechs heiligen Tao-Krafttechniken an, um das Element Metall, einschließlich der Lungen (das Zang-Organ des Elements Metall), Dünndarm (das Fu-Organ des Elements Metall), Nase (das Sinnesorgan), Haut (das Körpergewebe) und Traurigkeit und Trauer (die unausgeglichene Emotion), selbst zu heilen.

Körperkraft. Legen Sie eine Handfläche über die Lungen. Legen Sie die andere Handfläche auf den Unterbauch unterhalb des Bauchnabels. Sie können die Handhaltung und die Lungenflügel während der Übung wechseln.

Seelenkraft. Sagen Sie „*Hallo*" zu Ihren inneren Seelen:

Liebe Seele Herz Geist Körper meiner Lungen, meines Dünndarms, meiner
  Nase, Haut und des emotionalen Körpers des Elements Metall,
ich liebe euch, ehre euch und wertschätze euch.
Ihr habt die Kraft, meine Lungen, meinen Dünndarm, meine Nase und Haut
  zu heilen und zu verjüngen, sowie Trauer und Traurigkeit zu heilen und
  ihnen vorzubeugen.
Macht eure Sache gut.
Danke.

Sagen Sie „*Hallo*" zu äußeren Seelen:

> *Liebe Tao-Quelle und liebes Göttliche,*
> *liebe Buddhas und Heilige* (nennen Sie die himmlischen Wesen oder
>   spirituellen Väter und Mütter, an die Sie glauben),
> *lieber Himmel, liebe Mutter Erde und unzählige Planeten, Sterne, Galaxien*
>   *und Universen,*
> *ich liebe euch, ehre euch und wertschätze euch.*
> *Bitte vergebt meinen Ahnen und mir für all die Fehler, die wir in all unseren*
>   *Leben in Verbindung mit Lungen, Dünndarm, Nase, Haut, Traurigkeit*
>   *und Trauer in unseren Leben begangen haben.*
> *Ich bedaure ernsthaft all diese Fehler.*
> *Ich entschuldige mich von ganzem Herzen bei allen Seelen, die meine Ahnen*
>   *und ich auf diese Weise verletzt oder geschädigt haben.*
> *Um Vergebung zu erhalten, werde ich bedingungslos dienen. Zu chanten und*
>   *zu meditieren ist Dienen.*
> *Ich werde so viel singen und meditieren, wie ich kann.*
> *Ich werde bedingungslos dienen, so gut ich kann.*
> *Ich vergebe bedingungslos jedem, der mich oder meine Ahnen in allen Leben*
>   *verletzt oder geschädigt hat.*
> *Ich bin äußerst dankbar.*
> *Danke.*

Geisteskraft. Visualisieren Sie goldenes Licht, das in und um die Lungen herum strahlt.

Atemkraft. Atmen Sie ein und dehnen Ihren Bauch aus. Atmen Sie aus und ziehen Sie Ihren Bauch ein. Achten Sie darauf, dass Sie ruhig, gleichmäßig und natürlich einatmen und ausatmen. Denken Sie daran, dass die Länge beim Einatmen und Ausatmen von Ihrem persönlichen Befinden abhängt.

Klangkraft. Wenn wir singen, verbinden wir die Klangkraft mit der Atemkraft und einer weiterentwickelten Geisteskraft.

Schritt 1

a. Atmen Sie ein. Visualisieren Sie goldenes Licht, das von der Nase durch die Mitte Ihres Körpers hinunter zum Beckenboden fließt, wo es eine Kugel in Ihrem ersten Energie-Chakra (erstes Seelenhaus) bildet.

b. Atmen Sie aus. Chanten Sie „Si" (ausgesprochen *Sz*), den heiligen Ton des Elements Metall. Visualisieren Sie gleichzeitig die Drehung der goldenen Lichtkugel aus dem ersten Seelenhaus hinauf zu den Lungen, wo sie explodiert und von den Lungen aus in alle Richtungen ausstrahlt.

c. Wiederholen Sie die Schritte 1a und 1b insgesamt sieben Mal.

Schritt 2

a. Atmen Sie ein. Visualisieren Sie goldenes Licht, das von der Nase durch die Mitte Ihres Körpers hinunter zum Beckenboden fließt, wo es eine Kugel in Ihrem ersten Energie-Chakra (erstes Seelenhaus) bildet.

b. Atmen Sie aus. Chanten Sie „Si Si Si." Visualisieren Sie gleichzeitig die Drehung der goldenen Lichtkugel aus dem ersten Seelenhaus hinauf zu den Lungen, wo sie sich dreht, explodiert und von den Lungen aus in alle Richtungen ausstrahlt.

c. Wiederholen Sie die Schritte 2a und 2b insgesamt vier Mal.

Schritt 3

a. Atmen Sie ein. Die gleiche Visualisierung wie in Schritt 1a und 2a.

b. Atmen Sie aus. Chanten Sie:

Si Ya (ausgesprochen *Sz Ja*)
Si Ya Si Ya You (ausgesprochen *Sz Ja Sz Ja Jou*)
Si Ya Si Ya You
Si Ya Si Ya Si Ya You
Si Ya Si Ya Si Ya Si Ya You

Atmen Sie beim Chanten dieser fünf Zeilen nach jeder Zeile schnell ein und visualisieren Sie die Drehung der goldenen Lichtkugel wie folgt:

Wenn Sie die Zeile 1 chanten, dreht sich die goldene Lichtkugel aus dem ersten Chakra (Seelenhaus) hinauf zu den Lungen, dann zum Kun Gong und zurück zum Wurzel-Chakra (erstes Seelenhaus).

Wenn Sie die Zeilen 2 bis 5 chanten, dreht sich die goldene Lichtkugel aus dem ersten Energie-Chakra (Seelenhaus) hinauf zu den Lungen, dann zum Kun Gong und zurück zum ersten Seelenhaus. Visualisieren Sie die goldene Kugel, wie sie sich in einem Kreislauf bewegt, wenn Sie in diesen Zeilen das „You" chanten. Sie gelangt durch ein unsichtbares

Loch vor dem Steißbein in das Rückenmark, fließt dann über das Rückenmark zum Bereich des Hinterkopfs und durch das Gehirn hinauf zum Kronen-Chakra (siebtes Seelenhaus) auf Ihrem Kopf. Von dort bewegt sie sich durch Ihre Nasenhöhle zurück zum Gaumen und dann durch das fünfte, vierte, dritte und zweite Chakra (Seelenhaus) zurück zum Wurzel-Chakra (erstes Seelenhaus). Siehe Abbildung 14 auf Seite 90.

c. Wiederholen Sie die Schritte 3a und 3b insgesamt vier Mal.

Sie können laut oder im Stillen chanten. Sie üben am besten, indem Sie jedes Mal sowohl Yang, als auch Yin chanten.

Tao-Kalligrafiekraft. Zeichnen Sie *Da Ai*, Größte Liebe, oder *Da Kuan Shu*, Größte Vergebung, nach. (Siehe „Wie Sie weitere Tao-Kalligrafien finden, um Tao-Kalligrafiekraft anzuwenden" auf Seite 61 weiter oben.)

Wenn Sie nachzeichnen, wird das Nachzeichnen Ihre Körperkraft. Sie können das Nachzeichnen mit Geisteskraft, Klangkraft und/oder Atemkraft kombinieren, wenn Sie möchten, oder Sie können sich auch einfach nur auf das Nachzeichnen konzentrieren.

Abschluss. Beenden Sie Ihre Übungssitzung, indem Sie sagen:

Hao. Hao. Hao.
Danke. Danke. Danke.

Das Element Wasser

Wenden Sie die sechs heiligen Tao-Krafttechniken an, um das Element Wasser, einschließlich Nieren (das Zang-Organ des Elements Wasser), Blase (das Fu-Organ des Elements Wasser), Ohren (das Sinnesorgan), Knochen und Gelenke (das Körpergewebe) und Furcht (das unausgeglichene Element), selbst zu heilen.

Körperkraft. Legen Sie eine Handfläche auf eine Niere. Legen Sie die andere Handfläche auf den Unterbauch unterhalb des Bauchnabels. Wenn Ihre Hände oder Arme müde werden, aber auch wenn das nicht der Fall ist, können Sie die Handhaltung und Niere während der Übung wechseln.

Seelenkraft. Sagen Sie „*Hallo*" zu Ihren inneren Seelen:

Liebe Seele Herz Geist Körper meiner Nieren, Blase, Ohren, Knochen und des
  emotionalen Körpers des Elements Wasser,
ich liebe euch, ehre euch und wertschätze euch.
Ihr habt die Kraft, meine Nieren, Blase, Ohren, Knochen und Gelenke zu
  heilen und zu verjüngen, sowie Furcht zu heilen und ihr vorzubeugen.
Macht eure Sache gut.
Danke.

Sagen Sie „*Hallo*" zu äußeren Seelen:

Liebe Tao-Quelle und liebes Göttliche,
liebe Buddhas und Heilige (nennen Sie die himmlischen Wesen oder
  spirituellen Väter und Mütter, an die Sie glauben),
lieber Himmel, liebe Mutter Erde und unzählige Planeten, Sterne, Galaxien
  und Universen,
ich liebe euch, ehre euch und wertschätze euch.
Bitte vergebt meinen Ahnen und mir für all die Fehler, die wir in all unseren
  Leben in Verbindung mit Nieren, Blase, Ohren, Knochen, Gelenken und
  Furcht begangen haben.
Ich bedaure ernsthaft all diese Fehler.
Ich entschuldige mich von ganzem Herzen bei allen Seelen, die meine Ahnen
  und ich auf diese Weise verletzt oder geschädigt haben.
Um Vergebung zu erhalten, werde ich bedingungslos dienen. Zu chanten und
  zu meditieren ist Dienen.
Ich werde so viel chanten und meditieren, wie ich kann.
Ich werde bedingungslos dienen, so gut ich kann.
Ich vergebe bedingungslos jedem, der mich oder meine Ahnen in allen Leben
  verletzt oder geschädigt hat.
Ich bin äußerst dankbar.
Danke.

Geisteskraft. Visualisieren Sie goldenes Licht, das in und um die Nieren
herum strahlt.

Atemkraft. Atmen Sie ein und dehnen Sie Ihren Bauch aus. Atmen Sie aus
und ziehen Ihren Bauch ein. Stellen Sie sicher, dass Sie ruhig, gleichmäßig
und natürlich einatmen und ausatmen. Denken Sie daran, dass die Länge
beim Einatmen und Ausatmen von Ihrem persönlichen Befinden abhängt.

Klangkraft. Wenn wir singen, verbinden wir die Klangkraft mit der Atemkraft und einer weiterentwickelten Geisteskraft.

Schritt 1

a. Atmen Sie ein. Visualisieren Sie goldenes Licht, das von der Nase durch
   die Mitte Ihres Körpers hinunter zum Beckenboden fließt, wo es eine
   Kugel in Ihrem ersten Energie-Chakra (erstes Seelenhaus) bildet.

b. Atmen Sie aus. Chanten Sie „Chui" (ausgesprochen *Tschuäi*), den heiligen Ton des Elements Wasser. Visualisieren Sie gleichzeitig die Drehung
   der goldenen Lichtkugel aus dem ersten Seelenhaus hinauf zu den Nieren, wo sie explodiert und von dort aus in alle Richtungen ausstrahlt.

c. Wiederholen Sie die Schritte 1a und 1b insgesamt sieben Mal.

Schritt 2

a. Atmen Sie ein. Visualisieren Sie goldenes Licht, das von der Nase durch
   die Mitte Ihres Körpers hinunter zum Beckenboden fließt, wo es eine
   Kugel in Ihrem ersten Energie-Chakra (erstes Seelenhaus) bildet.

b. Atmen Sie aus. Chanten Sie „Chui Chui Chui." Visualisieren Sie gleichzeitig die Drehung der goldenen Lichtkugel aus dem ersten Seelenhaus
   hinauf zu den Nieren, wo sie sich dreht, explodiert und von dort aus in
   alle Richtungen ausstrahlt.

c. Wiederholen Sie die Schritte 2a und 2b insgesamt vier Mal.

Schritt 3

a. Atmen Sie ein. Die gleiche Visualisierung wie in Schritt 1a und 2a.

b. Atmen Sie aus. Chanten Sie:

Chui Ya (ausgesprochen *Tschuäi Ja*)
Chui Ya Chui Ya You (ausgesprochen *Tschuäi Ja Tschuäi Ja Jou*)
Chui Ya Chui Ya You
Chui Ya Chui Ya Chui Ya You
Chui Ya Chui Ya Chui Ya Chui Ya You

Atmen Sie beim Chanten dieser fünf Zeilen nach jeder Zeile schnell ein
und visualisieren Sie die Drehung der goldenen Lichtkugel wie folgt:

Wenn Sie die Zeile 1 chanten, dreht sich die goldene Lichtkugel aus dem ersten Chakra (Seelenhaus) hinauf zu den Nieren, dann zum Kun Gong und zurück zum Wurzel-Chakra (erstes Seelenhaus).

Wenn Sie die Zeilen 2 bis 5 chanten, dreht sich diegoldene Lichtkugel aus dem ersten Energie-Chakra (Seelenhaus) hinauf zu den Nieren, dann zum Kun Gong und zurück zum ersten Seelenhaus. Visualisieren Sie die goldene Kugel, wie sie sich in einem Kreislauf bewegt, wenn Sie in diesen Zeilen das „You" chanten. Sie gelangt durch ein unsichtbares Loch vor dem Steißbein in das Rückenmark, fließt dann über das Rückenmark zum Bereich des Hinterkopfs und durch das Gehirn hinauf zum Kronen-Chakra (siebtes Seelenhaus) auf Ihrem Kopf. Von dort bewegt sie sich durch Ihre Nasenhöhle zurück zum Gaumen und dann durch das fünfte, vierte, dritte und zweite Chakra (Seelenhaus) zurück zum Wurzel-Chakra (erstes Seelenhaus). Siehe Abbildung 14 auf Seite 90.

c. Wiederholen Sie die Schritte 3a und 3b insgesamt vier Mal.

Sie können laut oder im Stillen chanten. Sie üben am besten, indem Sie jedes Mal sowohl Yang, als auch Yin chanten.

Tao-Kalligrafiekraft. Zeichnen Sie *Da Ai*, Größte Liebe, oder *Da Kuan Shu*, Größte Vergebung, nach. (Siehe „Wie Sie weitere Tao-Kalligrafien finden, um Tao-Kalligrafiekraft anzuwenden" auf Seite 61 weiter oben.)

Wenn Sie nachzeichnen, wird das Nachzeichnen Ihre Körperkraft. Sie können das Nachzeichnen mit Geisteskraft, Klangkraft und/oder Atemkraft kombinieren, wenn Sie möchten, oder Sie können sich auch einfach nur auf das Nachzeichnen konzentrieren.

Abschluss. Beenden Sie Ihre Übungssitzung, indem Sie sagen:

Hao. Hao. Hao.
Danke. Danke. Danke.

ඖ ඖ ෆ

Die fünf Elemente selbst zu heilen und sie zu transformieren ist eine der wichtigsten und wesentlichen Übungen für Gesundheit, Beziehungen und

Finanzen. In diesem Kapitel haben wir sechs heilige Tao-Krafttechniken angewendet, um den physischen und emotionalen Körper selbst zu heilen und sie zu transformieren. Lassen Sie uns als Nächstes die sechs heiligen Tao-Krafttechniken für die Selbstheilung und Transformation des mentalen Körpers anwenden.

6

Anwendung der sechs
heiligen Tao-Krafttechniken
für die Selbstheilung
des mentalen Körpers

DER MENTALE KÖRPER IST der Geist eines Menschen, eines Tieres, von allen Lebewesen und Dingen. Geist ist Bewusstsein. Alle Lebewesen und Dinge bestehen aus Shen Qi Jing. Mit anderen Worten, alle Lebewesen und Dinge haben eine Seele, Herz (spirituelle Essenz), Geist (Bewusstsein) und Körper (Energie und Materie). Blockaden des Geistes oder Bewusstseins sind Hauptblockaden, die mit allen Aspekten des Lebens verbunden sind.

Ich betone noch einmal, dass es sich bei einigen der wichtigsten Geistesblockaden, um die negativen Informationen oder Botschaften des Geistes handelt, wie negative Denkweisen, negative Einstellungen, negative Überzeugungen, Ego, Anhaftungen und mehr.

Zahlreiche geistige Beschwerden benötigen auch Selbstheilung und Transformation. Dazu zählen geistige Verwirrung, Konzentrationsschwäche, Erinnerungsverlust, Aufmerksamkeitsdefizitstörungen, Essstörungen, Zwangsneurosen, Alzheimer, bipolare Störungen, andere ernsthafte Geistesstörungen und mehr.

Ich möchte ein weiteres wichtiges Geheimnis preisgeben: für die Selbstheilung und den Ausgleich des mentalen Körpers ist das Herz-Chakra des vierten Seelenhauses, das ich auch das Botschaftenzentrum nenne, wesentlich.

Das Botschaftenzentrum ist eines der wichtigsten spirituellen und energetischen Zentren des Menschen. Es ist das Zentrum der Seelenheilung und Seelenkommunikation. Das Botschaftenzentrum und das Herz lenken das Bewusstsein. Das Botschaftenzentrum selbst zu heilen und zu transformieren bedeutet, das Bewusstsein, einschließlich Emotionen, negativer Denkweisen, negativer Einstellungen, negativer Überzeugungen, Ego, Anhaftungen und aller möglichen anderen Arten mentaler Blockaden und Herausforderungen, zu transformieren.

Lassen Sie uns die sechs heiligen Tao-Krafttechniken anwenden, um heilsam auf den mentalen Körper zu wirken, indem wir das Botschaftenzentrum selbst heilen und transformieren.

Wir werden die vierte der Zehn Da-Qualitäten des Tao Da Guang, Größtes Licht, anwenden, um den mentalen Körper selbst zu heilen und zu transformieren. Ich weise auf die Kraft und Bedeutung von Da Guang Ming hin, so wie sie im vierzeiligen heiligen Tao-Quelle Mantra des Da Guang Ming in Kapitel 2 beschrieben werden:

Die vierte der Zehn Da-Qualitäten des Tao ist Größtes Licht und Größte
   Transparenz.
Ich bin im Licht der Tao-Quelle.
Das Licht der Tao-Quelle ist in mir.
Der ganze Körper ist vollständig erhellt und transparent.

Körperkraft. Legen Sie eine Handfläche über das Botschaftenzentrum (Herz-Chakra, viertes Seelenhaus), das in der Mitte Ihrer Brust neben dem Herzen sitzt. Siehe Abbildung 14 auf Seite 90. Legen Sie die andere Handfläche auf das Schädeldach.

Seelenkraft. Sagen Sie „Hallo" zu Ihren inneren Seelen:

Liebe Seele Herz Geist Körper meines Botschaftenzentrums,
liebe Seele Herz Geist Körper meines Geistes,
ich liebe euch, ehre euch und wertschätze euch.

Ihr habt die Kraft, mein Herz und meinen Geist zu heilen und zu
   transformieren.
Macht eure Sache gut.
Danke.

Sagen Sie „*Hallo*" zu äußeren Seelen:

Liebe Tao-Quelle und liebes Göttliche,
liebe Buddhas und Heilige (nennen Sie die Heiligen, an die Sie glauben),
lieber Himmel, liebe Mutter Erde und unzählige Planeten, Sterne, Galaxien
   und Universen,
ich liebe euch, ehre euch und wertschätze euch.
Bitte vergebt meinen Ahnen und mir für all die Fehler, die wir in all unseren
   Leben in Verbindung mit dem Geist und mentalen Körper begangen haben.
Ich bedaure ernsthaft all diese Fehler.
Ich entschuldige mich aus tiefstem Herzen bei allen Seelen, die meine Ahnen
   und ich verletzt oder geschädigt haben, indem wir Geistesblockaden oder
   Geisteskrankheiten verursacht haben.
Um Vergebung zu erhalten, werde ich bedingungslos dienen. Zu chanten und
   zu meditieren ist Dienen.
Ich werde so viel chanten und meditieren, wie ich kann.
Ich werde bedingungslos dienen, so gut ich kann.
Ich vergebe bedingungslos jedem, der meine Ahnen oder mich in allen Leben
   verletzt oder geschädigt hat.
Ich bin äußerst dankbar.
Danke.

Geisteskraft. Visualisieren Sie goldenes Licht, das in und um das Botschaftenzentrum und das Gehirn strahlt.

Atemkraft. Atmen Sie ein und dehnen Sie Ihren Bauch aus. Atmen Sie aus
und ziehen Sie Ihren Bauch ein. Achten Sie darauf, dass Sie ruhig, gleichmäßig und natürlich einatmen und ausatmen. Denken Sie daran, dass die
Länge beim Einatmen und Ausatmen von Ihrem persönlichen Befinden abhängt. Folgen Sie dem Weg der Natur.

Klangkraft. Wenn wir singen, verbinden wir die Klangkraft mit der Atemkraft und einer weiterentwickelten Geisteskraft. Schauen Sie das Video mit

meinem Gesang an, das für diese Übung und alle wichtigen Übungen in diesem Buch für Sie aufgezeichnet wurde.

Schritt 1

a. Atmen Sie ein. Visualisieren Sie goldenes Licht, das von der Nase durch die Mitte Ihres Körpers hinunter zum Beckenboden fließt, wo es eine Kugel in Ihrem ersten Energie-Chakra (erstes Seelenhaus) bildet.

b. Atmen Sie aus. Chanten Sie „Guang Ming" (ausgesprochen *Gwang Ming*). Visualisieren Sie gleichzeitig die Drehung der goldenen Lichtkugel aus dem ersten Seelenhaus in das Botschaftenzentrum hinauf, wo sie explodiert und in alle Richtungen des Botschaftenzentrums ausstrahlt.

c. Wiederholen Sie die Schritte 1a und 1b insgesamt sieben Mal.

Schritt 2

a. Atmen Sie ein. Visualisieren Sie goldenes Licht, das von der Nase durch die Mitte Ihres Körpers hinunter zum Beckenboden fließt, wo es eine Kugel in Ihrem ersten Energie-Chakra (erstes Seelenhaus) bildet.

b. Atmen Sie aus. Chanten Sie „Guang Ming Guang Ming Guang Ming." Visualisieren Sie gleichzeitig die Drehung der goldenen Lichtkugel aus dem ersten Seelenhaus hinauf zum Botschaftenzentrum, wo sie sich dreht, explodiert und in alle Richtungen des Botschaftenzentrums ausstrahlt.

c. Wiederholen Sie die Schritte 2a und 2b insgesamt vier Mal.

Schritt 3

a. Atmen Sie ein. Die gleiche Visualisierung wie in Schritt 1a und 2a.

b. Atmen Sie aus. Chanten Sie:

Guang Ming (ausgesprochen *Gwang Ming*)
Guang Ming Guang Ming Guang Ming
Guang Ming Guang Ming Guang Ming
Guang Ming Guang Ming Guang Ming
Guang Ming Guang Ming Guang Ming Guang Ming

Atmen Sie beim Chanten dieser fünf Zeilen nach jeder Zeile schnell ein und visualisieren Sie die Drehung der goldenen Lichtkugel wie folgt:

Wenn Sie die Zeile 1 chanten, dreht sich die goldene Lichtkugel aus dem ersten Seelenhaus hinauf in das Botschaftenzentrum, dann hinunter durch den Kun Gong und zurück zum ersten Seelenhaus.

Wenn Sie die Zeilen 2 bis 5 chanten, dreht sich die goldene Lichtkugel aus dem ersten Seelenhaus hinauf in das Botschaftenzentrum, dann hinunter durch den Kun Gong und zurück zum ersten Seelenhaus. Dann bewegt sich die goldene Kugel in einem Kreislauf. Sie gelangt durch ein unsichtbares Loch vor dem Steißbein in das Rückenmark, fließt dann über das Rückenmark zum Bereich des Hinterkopfs und in und durch das Gehirn hinauf zum Kronen-Chakra (siebtes Seelenhaus) auf Ihrem Kopf. Von dort bewegt sie sich durch Ihre Nasenhöhle zurück zum Gaumen und dann durch das fünfte, vierte, dritte und zweite Chakra (Seelenhaus) zurück zum Wurzel-Chakra (erstes Seelenhaus). Siehe Abbildung 14 auf Seite 90.

c. Wiederholen Sie die Schritte 3a und 3b insgesamt vier Mal.

Sie können laut oder im Stillen chanten. Sie üben am besten, indem Sie jedes Mal sowohl Yang, als auch Yin chanten.

Tao-Kalligrafiekraft. Zeichnen Sie *Da Ai*, Größte Liebe, oder *Da Kuan Shu*, Größte Vergebung, nach. (Siehe „Wie Sie weitere Tao-Kalligrafien finden, um Tao-Kalligrafiekraft anzuwenden" auf Seite 61 weiter oben.)

Wenn Sie nachzeichnen, wird das Nachzeichnen Ihre Körperkraft. Sie können das Nachzeichnen mit Geisteskraft, Klangkraft und/oder Atemkraft kombinieren, wenn Sie möchten, oder Sie können sich auch einfach nur auf das Nachzeichnen konzentrieren.

Abschluss. Beenden Sie Ihre Übungssitzung, indem Sie sagen:

Hao. Hao. Hao.
Danke. Danke. Danke.

৪০ ৪০ ৫৪

Wir haben sechs heilige Tao-Krafttechniken angewendet, um den mentalen Körper mit Da Guang Ming, Größtes Licht, selbst zu heilen und zu transformieren. Da Guang Ming ist das vierte der Zehn Da. Sie können jede der anderen neun der Zehn Da-Qualitäten auf dieselbe Weise für die Transformation des mentalen Körpers anwenden.

Es gibt viele Erkrankungen des Geistes oder des Bewusstseins. Die heilige Weisheiten und Techniken, die ich in diesem Kapitel vermittelt habe, können für die Selbstheilung und Transformation angewendet werden.

Üben Sie. Üben Sie. Üben Sie.

Erfahren Sie die Transformation.

7

Anwendung der sechs heiligen Tao-Krafttechniken für die Selbstheilung des spirituellen Körpers

E IN MENSCH HAT UNZÄHLIGE Seelen. Ein Mensch hat eine Körperseele, die Seelen aller Systeme, Organe, Zellen, Zelleinheiten, DNS, RNS, der Zellzwischenräume, die kleine Materie in den Zellen und mehr.

Seelen reinkarnieren von Leben zu Leben. Seelen tragen die Weisheit, Erkenntnis und Erinnerung an Erfahrungen aller Leben in sich. Die Seelen tragen auch die Blockaden aller Leben in sich. Die Anwendung der sechs Tao-Krafttechniken für die Selbstheilung des spirituellen Körpers ist wichtig, um alle Krankheiten selbst zu heilen.

Warum? Die Seele ist der Boss. Erinnern Sie sich an die vier heiligen Aussagen im Gesetz des Shen Qi Jing:

靈到心到	Ling Dao Xin Dao	Kommt die Seele an, folgt das Herz.
心到意到	Xin Dao Yi Dao	Kommt das Herz an, folgt der Geist.
意到氣到	Yi Dao Qi Dao	Kommt der Geist an, folgt die Energie.
氣到血到	Qi Dao Xue Dao	Kommt die Energie an, folgt die Materie.

Unsere geliebte Seele ist das Lager aller Informationen, des Inhalts aller Botschaften unseres physischen Körpers, emotionalen Körpers, mentalen Körpers, spirituellen Körpers, der Beziehungen, Finanzen und mehr aus allen

Leben. Negative Informationen und Botschaften in der Seele, d. h. die Blockaden aller Leben, werden an Herz, Geist und Körper weitergegeben. Das Ergebnis können alle Arten von Blockaden, Herausforderungen und Negativität in Seele, Herz, Geist und Körper sein. Darum kann die Bedeutung der Selbstheilung des spirituellen Körpers mit Worten allein nicht ausreichend erklärt werden.

Heilen und transformieren Sie zuerst die Seele, dann werden die Heilung und Transformation aller Aspekte des Lebens folgen.

Der heilige Schlüssel für die Selbstheilung kann auch auf andere Weise ausgedrückt werden:

Heilen und transformieren Sie zuerst den spirituellen Körper, dann werden die Heilung und Transformation des mentalen, emotionalen und physischen Körpers folgen.

Wenden Sie die sechs heiligen Tao-Krafttechniken an, um den spirituellen Körper selbst zu heilen und zu transformieren. In Kapitel 2 habe ich über die zehn größten Eigenschaften der Tao-Quelle, des Himmels, der Mutter Erde und des Menschen gesprochen.

Lassen Sie uns Da Ai, Größte Liebe, für die Selbstheilung und Transformation des spirituellen Körpers anwenden. Ich unterstreiche die Kraft und Bedeutung von Da Ai mit dem vierzeiligen heiligen Mantra, das ich in Kapitel 2 mitgeteilt habe:

Gib zuerst Größte Liebe, die erste der Zehn Da-Qualitäten des Tao.
Bedingungslose Liebe
Schmilzt alle Blockaden.
Klares Herz, Seele, Herz und Geist erleuchtet.

Körperkraft. Legen Sie eine Handfläche auf Ihr Herz. Altehrwürdige Weisheiten lehren, dass Geist und Seele im Herzen wohnen. Legen Sie die andere Handfläche auf Ihren Unterbauch unterhalb des Bauchnabels.

Seelenkraft. Sagen Sie „*Hallo*" zu Ihren inneren Seelen:

Liebe Seele Herz Geist Körper meines spirituellen Körpers,
ich liebe dich, ehre dich und wertschätze dich.

Du hast die Kraft, dich selbst zu heilen und zu transformieren.
Mach deine Sache gut.
Danke.

Sagen Sie „*Hallo*" zu äußeren Seelen:

Liebe Tao-Quelle und liebes Göttliche,
liebe Buddhas und Heilige (nennen Sie die Heiligen, an die Sie glauben),
lieber Himmel, liebe Mutter Erde und unzählige Planeten, Sterne, Galaxien
*   und Universen,*
ich liebe euch, ehre euch und wertschätze euch.
Bitte vergebt meinen Ahnen und mir für all unsere Fehler, die wir in all
*   unseren Leben in Verbindung mit der spirituellen Reise und dem*
*   spirituellen Körper begangen haben.*
Ich bedaure ernsthaft all diese Fehler.
Ich entschuldige mich aus tiefstem Herzen bei allen Seelen, die meine Ahnen
*   und ich verletzt oder geschädigt haben, indem wir Blockaden auf ihren*
*   spirituellen Reisen und in ihren spirituellen Körpern verursacht haben.*
Um Vergebung zu erhalten, werde ich bedingungslos dienen. Zu chanten und
*   zu meditieren ist Dienen.*
Ich werde so viel chanten und meditieren, wie ich kann.
Ich werde bedingungslos dienen, so gut ich kann.
Ich vergebe bedingungslos jedem, der meine Ahnen oder mich in allen Leben
*   verletzt oder geschädigt hat.*
Ich bin äußerst dankbar.
Danke.

Geisteskraft. Visualisieren Sie goldenes Licht, das in und um das Herz herum und durch den ganzen Körper hindurch strahlt.

Atemkraft. Atmen Sie ein und erlauben Sie Ihrem Bauch, sich auszudehnen. Atmen Sie aus und ziehen Sie Ihren Bauch ein. Achten Sie darauf, dass Sie ruhig, gleichmäßig und natürlich einatmen und ausatmen. Achten Sie darauf, dass die Länge beim Einatmen und Ausatmen von Ihrem persönlichen Befinden abhängt.

Klangkraft. Wenn wir chanten, verbinden wir die Klangkraft mit der Atemkraft und einer weiterentwickelten Geisteskraft. Schauen Sie sich das Video mit meinem Gesang an, das für diese Übung und alle wichtigen Übungen in diesem Buch für Sie aufgezeichnet worden ist.

Schritt 1

a. Atmen Sie ein. Visualisieren Sie goldenes Licht, das von der Nase durch die Mitte Ihres Körpers hinunter zum Beckenboden fließt, wo es eine Kugel in Ihrem ersten Energie-Chakra (erstes Seelenhaus) bildet.

b. Atmen Sie aus. Chanten Sie „Da Ai" (ausgesprochen *Da Ai*). Visualisieren Sie gleichzeitig die Drehung der goldenen Lichtkugel aus dem ersten Seelenhaus hinauf zum Herzen, wo sie explodiert und von dort aus in alle Richtungen ausstrahlt.

c. Wiederholen Sie die Schritte 1a und 1b insgesamt sieben Mal.

Schritt 2

a. Atmen Sie ein. Visualisieren Sie goldenes Licht, das von der Nase durch die Mitte Ihres Körpers hinunter zum Beckenboden fließt, wo es eine Kugel in Ihrem ersten Energie-Chakra (erstes Seelenhaus) bildet.

b. Atmen Sie aus. Chanten Sie „Da Ai Da Ai Da Ai." Visualisieren Sie gleichzeitig die Drehung der goldenen Lichtkugel aus dem ersten Seelenhaus hinauf zum Herzen, wo sie sich dreht, explodiert und von dort aus in alle Richtungen ausstrahlt.

c. Wiederholen Sie die Schritte 2a und 2b insgesamt vier Mal.

Schritt 3

a. Atmen Sie ein. Die gleiche Visualisierung wie in Schritt 1a und 2a.

b. Atmen Sie aus. Chanten Sie:

Da Ai (ausgesprochen *Da Ai*)
Da Ai Da Ai Da Ai
Da Ai Da Ai Da Ai
Da Ai Da Ai Da Ai
Da Ai Da Ai Da Ai Da Ai

Atmen Sie beim Chanten dieser fünf Zeilen nach jeder Zeile schnell ein und visualisieren Sie die Drehung der goldenen Lichtkugel wie folgt:

Wenn Sie die Zeile 1 chanten, dreht sich die goldene Kugel aus dem ersten Seelenhaus hinauf zum Herzen, dann über das Herz-Chakra (viertes Seelenhaus) und durch den Kun Gong wieder zurück zum ersten Seelenhaus.

Wenn Sie die Zeilen 2 bis 5 chanten, dreht sich die goldene Lichtkugel aus dem ersten Seelenhaus hinauf zum Herzen, dann über das Herz-Chakra (viertes Seelenhaus) und durch den Kun Gong zurück zum ersten Seelenhaus. Dann bewegt sich die goldene Kugel in einem Kreislauf. Sie gelangt durch ein unsichtbares Loch vor dem Steißbein in das Rückenmark, fließt dann über das Rückenmark zum Bereich des Hinterkopfs und in und durch das Gehirn hinauf zum Kronen-Chakra (siebtes Seelenhaus) auf Ihrem Kopf. Von dort bewegt sie sich durch Ihre Nasenhöhle zurück zum Gaumen und dann durch das fünfte, vierte, dritte und zweite Chakra (Seelenhaus) zurück zum Wurzel-Chakra (erstes Seelenhaus). Siehe Abbildung 14 auf Seite 90.

c. Wiederholen Sie die Schritte 3a und 3b insgesamt vier Mal.

Sie können laut oder im Stillen chanten. Sie üben am besten, indem Sie jedes Mal sowohl Yang, als auch Yin chanten.

Tao-Kalligrafiekraft. Zeichnen Sie *Da Ai*, Größte Liebe nach. Sie können das *Da Ai* auf der Rückseite des Buches nachzeichnen. (Siehe „Wie Sie weitere Tao-Kalligrafien finden, um Tao-Kalligrafiekraft anzuwenden" auf Seite 61 weiter oben.)

Wenn Sie nachzeichnen, wird das Nachzeichnen Ihre Körperkraft. Sie können das Nachzeichnen mit Geisteskraft, Klangkraft und/oder Atemkraft kombinieren, wenn Sie möchten, oder Sie können sich auch einfach nur auf das Nachzeichnen konzentrieren.

Abschluss. Beenden Sie Ihre Übungssitzung, indem Sie sagen:

Hao. Hao. Hao.
Danke. Danke. Danke.

ฆ ฆ ห

Wir haben sechs heilige Tao-Krafttechniken angewendet, um den spirituellen Körper mit Da Ai, Größte Liebe, selbst zu heilen und zu transformieren. Da Ai ist die erste der Zehn Da. Sie können jede der anderen neun Da-Qualitäten auf gleiche Weise für die Selbstheilung und Transformation des spirituellen Körpers anwenden.

Üben Sie. Üben Sie. Üben Sie.

Erfahren Sie die Transformation.

Die sieben Energie-Chakren (Seelenhäuser) und der Wai Jiao

D IE LEHRE DER CHAKREN findet sich bereits in den frühen Traditionen des Hinduismus. Sie sind spirituelle Energiezentren, die den Schwerpunkt vieler altehrwürdiger Meditationen und Übungen bilden. Es gibt sieben Hauptchakren.

Ich erhielt 2008 die göttliche Lehre, dass die sieben Chakren auch die sieben Häuser der Seele im Menschen sind. Sie befinden sich im Kern und im zentralen Kanal des Körpers. Siehe Abbildung 14 auf Seite 90.

Jedes Seelenhaus ist faustgroß. Sie sind vom untersten bis zum höchsten wie folgt angeordnet:

- das erste befindet sich am Beckenboden, genau über dem Damm, die Stelle zwischen Anus und Skrotum oder Vulva, und dem Hui Yin-Akupunkturpunkt[16] (Wurzel-Chakra)
- das zweite befindet sich im Unterbauch zwischen dem ersten und dritten Seelenhaus (Sakral-Chakra)
- das dritte befindet sich auf Höhe des Bauchnabels (Nabel-Chakra)
- das vierte, das Botschaftenzentrum (Herz-Chakra), befindet in der Mitte der Brust
- das fünfte befindet sich in der Kehle (Kehlen-Chakra)
- das sechste befindet sich im Gehirn (Chakra des Dritten Auges)

---

[16] Der Hui Yin-Akupunkturpunkt liegt auf dem Damm, mittig zwischen dem Anus und dem Skrotum oder der Vulva. Siehe Abbildung 14 auf Seite 90.

- das siebte befindet sich auf dem Kopf, am Bai Hui-Akupunktur-punkt[17] (Kronen-Chakra)

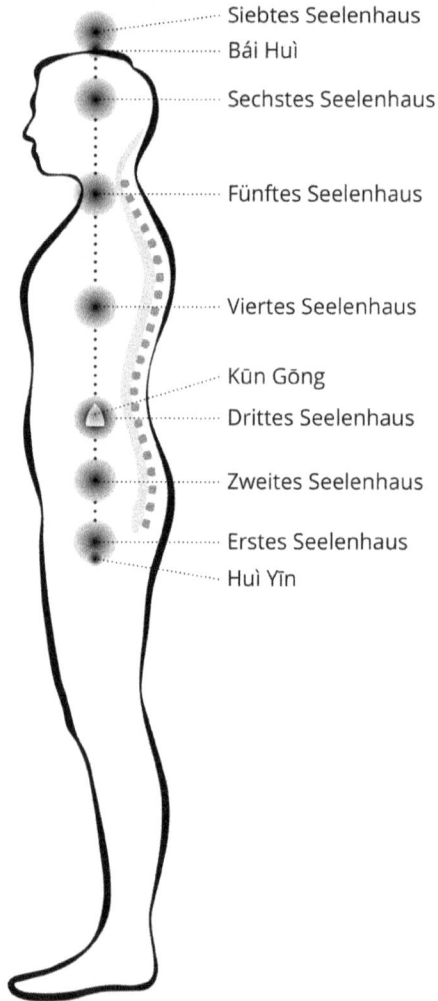

Siebtes Seelenhaus
Bái Huì
Sechstes Seelenhaus
Fünftes Seelenhaus
Viertes Seelenhaus
Kūn Gōng
Drittes Seelenhaus
Zweites Seelenhaus
Erstes Seelenhaus
Huì Yīn

Abbildung 14. Die sieben Chakren (Seelenhäuser) des Menschen

---

[17] Der Bai Hui-Akupunkturpunkt befindet sich oben auf dem Kopf, genau in der Mitte zwischen den Ohren und genau in der Mitte zwischen Vorder- und Hinterkopf. Siehe Abbildung 14.

Kraft und Bedeutung des siebten Chakras (Seelenhaus) und des Wai Jiao

Das erste Seelenhaus ist der Ursprung, die Basis und die Wurzel. Es ist die nährende Quelle von Energie und Licht. Auf der physischen Ebene ist dieses Feld auch der Schöpfer von Leben und Energie. Es ist das Getriebe, die treibende Kraft, die Energie erzeugt und sie durch die verbleibenden sechs Seelenhäuser und durch den ganzen Körper bewegt.

Das erste Seelenhaus ist genau genommen das erste Haus, in dem eine Seele auf ihrer Reise wohnt. Es ist der Anfang der Seelenreise. Eine menschliche Seele ist schon seit vielen Leben auf ihrer Reise. Wenn Ihre Seele sich im ersten Seelenhaus befindet, ist sie noch am Anfang ihrer Reise. Das erste Seelenhaus ist sehr wichtig, aber auf Ihrer Seelenreise muss Ihre Seele sich in die höheren Häuser bewegen.

Das zweite Seelenhaus ist im Unterbauch auf gleicher Höhe mit dem Unteren Dan Tian,[18] zwischen dem ersten Seelenhaus und dem Bauchnabel. Siehe Abbildung 15. Das zweite Seelenhaus ist wichtig für die Seelenreise, weil Ihre Seele bereits große Tugenden erworben hat. Wenn sie diese Position erreicht, ist dies der Lohn des Himmels für positive Informationen oder Botschaften, die Sie erzeugt haben. Diese Tugenden nähren Ihre Seele und gewähren ihren Aufstieg. Sie sind in Ihrem Buch in der Akasha-Chronik aufgezeichnet.[19] Ihre Seele hat bedeutenden Fortschritt gemacht, hat aber immer noch eine lange Reise vor sich.

Das zweite Seelenhaus ist mit dem Wohlbefinden und Ausgleich der grundlegenden Energie des Unteren Dan Tian verbunden. Es ist mit dem Wohlbefinden und dem Ausgleich der gesamten Schöpfung verbunden.

---

[18] Der Untere Dan Tian ist ein faustgroßes grundlegendes Energiezentrum im Unterbauch. (Siehe Abbildung 15 auf Seite 92.) Es ist ein Energielager. Ein kraftvoller Unterer Dan Tian ist wichtig für Energie, Ausdauer, Vitalität, Immunität, Verjüngung und ein langes Leben.

[19] Die Akasha-Chronik ist der Ort im Himmel, an dem alle positiven und negativen Handlungen, Verhaltensweisen, Worte und Gedanken eines Menschen aus allen Leben eines Menschen aufzeichnet werden. Jede Seele hat ein Buch in der Akasha-Chronik.

Wie im großen Universum (Natur), so auch im kleinen Universum (Mensch). Wie ich in *Seelenkraft*,[20] dem Hauptbuch meiner ganzen Buchreihe Soul Power, gezeigt habe, ist der Unterbauch auch das geheime Seelenzentrum für Intelligenz, Weisheit und Erkenntnis der Seele.

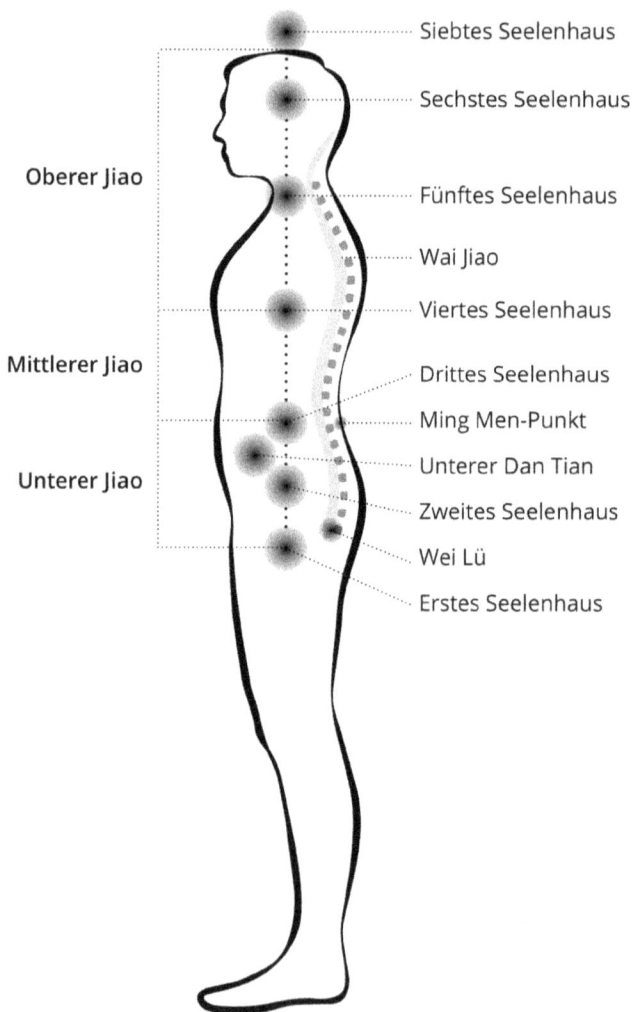

Abbildung 15. Die sieben Seelenhäuser San Jiao, Wai Jiao,
Ming Men-Punkt, Unterer Dan Tian und Wei Lü

[20] Dr. und Master Zhi Gang Sha, *Seelenkraft: Erkenne deine innere Stärke* MenSana Knauer-Verlag 2011.

In diesem Bereich schwingen Botschaft, Energie und Materie aktiv und beeinflussen alle Aspekte des eigenen Seins. Das zweite Seelenhaus verbindet sich mit all diesen Aspekten der gesamten Schöpfung, einschließlich der Seelenwelt, des Göttlichen und der Tao-Quelle.

Das dritte Seelenhaus ist wichtig, weil es das letzte ist, das eine Seele auf der Reise zur Erleuchtung durchlaufen muss. Wenn Ihre Seele diese Ebene erreicht hat, hat sie wahre Fortschritte gemacht. Die Seele ist sehr glücklich, wenn sie diese Ebene erreicht hat. Sie ist sehr bemüht, sich weiter zu entwickeln, weil sie weiß, dass der nächste Schritt ihre Erleuchtung bedeutet.

Das vierte Seelenhaus ist sehr besonders. Wenn Ihre Seele sich im Botschaftenzentrum oder Herz-Chakra hinter dem unteren Ende des Sternums befindet, hat sie die Ebene der Erleuchtung erreicht. Ihr Seelenstand hat sich erheblich verändert. Die Seelenerleuchtung zu erlangen, bedarf mehrerer hundert Leben.

Erleuchtet zu sein transformiert die Qualität der Dienste, die Sie anbieten können. Ihre Fähigkeit zu dienen wird größer und kraftvoller. Gleichzeitig wird Ihr Buch in der Akasha-Chronik in eine spezielle Halle für diejenigen überführt, die erleuchtet sind. Ihre Fähigkeit, mit der Seelenwelt zu kommunizieren erhöht sich deutlich. Die Lehren, Weisheiten und Übungen, die Sie vom Göttlichen und der ganzen Seelenwelt erhalten, werden auf einer völlig anderen Ebene sein. Es ist ein wichtiger Meilenstein auf der Seelenreise, aber es ist erst der Anfang der Erleuchtungsreise.

Das vierte Seelenhaus ist das Zentrum der Selbstheilung, Liebe, Vergebung, des Mitgefühls, der Seelenkommunikation, Transformation, Erleuchtung und vielem mehr. All diese Qualitäten beeinflussen auch Ihre physische Reise. Wenn Ihre Seele sich im vierten Seelenhaus befindet, können viele Blockaden aufgelöst werden. Ihr Wohlbefinden, einschließlich Ihrer physischen, emotionalen und mentalen Gesundheit, können auf kraftvolle Weise verbessert werden.

Das fünfte Haus sitzt in der Kehle. Nur die Seelen sehr weniger Menschen erreichen diese Ebene aus eigenem Bemühen. Dieses Seelenhaus ist eine Brücke zwischen Herz und Geist. Es hilft dabei, die Weisheit von Herz und

Geist zu integrieren. Wenn das geschieht, verbessert sich Ihr Dienen deutlich. Ihre Fähigkeit, Ihre eigene Seelenreise und die anderer zu verstehen, nimmt sehr stark zu.

Auf der physischen Ebene bringt der Segen nicht nur größere Heilung in alle Aspekte des Lebens, sondern auch Verjüngung und Verlängerung des Lebens. Für viele Menschen ist dieses Seelenhaus mit Erinnerungen der Seele verbunden. Die Heilung dieser Erinnerungen kann auf einer sehr tiefgehenden Ebene stattfinden. In diesem Fall erfolgt die Wende bei physischen Beschwerden häufig schneller.

Das sechste Seelenhaus sitzt im Gehirn. Wenn die Seele diese Ebene erreicht, wird das Bewusstsein transformiert. Die Verbindung mit und die Ausrichtung auf das göttliche Bewusstsein sind viel stärker. Die Fähigkeit, mit der Seelenwelt zu kommunizieren, nimmt weiter zu. Wenn sich die Seele auf der physischen Ebene im Gehirn befindet, heilt und verjüngt sie alle Aspekte des physischen Körpers auf besondere Weise. Das Gehirn bestimmt, steuert und beeinflusst jede Funktion des Körpers. Wenn die Seele sich im Gehirn befindet, hat die Einflussnahme des Gehirns eine Ebene göttlicher Präsenz und göttlichen Lichts erreicht.

Das siebte Seelenhaus sitzt direkt über dem Kopf im Kronen-Chakra. Das ist die höchste Position des Seelenstandes. Wenn die Seele sich im Gehirn befindet, hat die Seele auf der physischen Ebene eine Position erreicht, wo sie wirklich Verantwortung übernehmen kann. Sie ist in der Lage, alle Aspekte Ihres Lebens, einschließlich physischer, mentaler, emotionaler Natur, Beziehungen- und Finanzen, auf kraftvolle Weise zu lenken. Es ist eine große Ehre und ein großer Vorzug, dass Ihre Seele dieses Seelenhaus erreichen kann. Nur sehr wenige haben dies aus eigenem Bemühen geschafft.

Der Wai Jiao 外焦 ist der Körperraum vor der Wirbelsäule und der Schädelhöhle. Siehe Abbildung 15. Er ist der größte Körperraum. Weil alle Energien, Meridiane und Kanäle des Körpers den Wai Jiao durchqueren müssen, kann negatives Shen Qi Jing im Wai Jiao jedes Organ, jeden Körperteil und jeden anderen Körperraum beeinträchtigen. Darum ist der Wai Jiao wesentlich für jegliche Selbstheilung und Transformation.

Kraft und Bedeutung der Selbstheilung und Transformation der sieben Chakren (Seelenhäuser) und des Wai Jiao

Alle sieben Seelenhäuser sind mit Aspekten der Schöpfung verbunden, mit dem Ausgleich von Yin und Yang und mit dem Weg des Göttlichen und der Tao-Quelle. Wenn Sie mit den sieben Chakren (Seelenhäuser) üben, nehmen Sie Verbindung mit der Seelenreise des Göttlichen und aller Universen auf. Sie verbinden sich mit der ganzen Menschheit und mit Mutter Erde. Wenn Ihre Seele in immer höhere Seelenhäuser aufsteigt, wird die Verbindung zwischen Ihnen, der Menschheit, Mutter Erde und dem Göttlichen in Ihrem täglichen Leben immer konkreter, praktischer und realer. Es ist unbeschreiblich, welchen Nutzen Sie daraus ziehen. Ihre Übungen nutzen der Menschheit, Mutter Erde und allen Universen.

Wenn Sie die Übungen in Kapitel 9 und 10 durchführen, werden das Singen, Chanten und Nachzeichnen die wichtigsten Körperräume und die wichtigsten Energie-, Materie- und Seelenkreisläufe und Kanäle im Körper fördern. Alle Energien, Materien und Seelen all Ihrer Systeme, Organe, Zellen und Meridiane werden sich konzentrieren, um diese wichtigsten Kreisläufe und Kanäle zu verbinden. Wenn dieser Energiekreislauf fließt, werden alle Energiekreisläufe folgen. Wenn dieser Materiekreislauf fließt, werden alle Materiekreisläufe folgen. Wenn dieser Seelenkanal fließt, werden alle Seelenkanäle folgen. Dies sind die Shen Qi Jing-Kanäle, die ich in Kapitel 10 näher erläutern werde.

Machen wir jetzt weiter mit der Anwendung der sechs heiligen Tao-Krafttechniken, um die sieben Chakren (Seelenhäuser) und den Wai Jiao selbst zu heilen und zu transformieren. Schauen Sie sich das Video mit meinem Gesang an, das für diese Übung und alle wichtigen Übungen in diesem Buch für Sie aufgezeichnet wurde. Sie können auch mit diesen Videos üben.

Üben Sie gut.

Erfahren Sie die Selbstheilung und Transformation.

9

Anwendungen der sechs heiligen Tao-Krafttechniken für die Selbstheilung der sieben Energie-Chakren (Seelenhäuser) und des Wai Jiao

DIESE SIEBEN CHAKREN ODER Seelenhäuser sind die wichtigsten Körperräume. Der menschliche Körper kann in zwei Bereiche aufgeteilt werden. Einer sind die Organe. Der andere sind die Körperräume.

Denken Sie an die Luft auf Mutter Erde. In einigen Ländern oder einigen Teilen der Welt ist die Luft sehr sauber. In einigen Teilen der Welt ist die Luft verschmutzt. Verschmutzte Luft verursacht Lungenkrankheiten und viele anderen Krankheiten. Saubere Luft ist unbezahlbar.

Im Körper ist die Reinigung der sieben Chakren oder Seelenhäuser und des Wai Jiao wie die Reinigung der Luft in den Körperräumen. Die Körperräume zu reinigen ist ein heiliger Weg, um die Systeme, Organe und Zellen zu heilen. Dies ist eine unschätzbare Weisheit für jeden Menschen.

Lassen Sie uns die sechs heiligen Tao-Krafttechniken anwenden, um die sieben Chakren (Seelenhäuser) und den Wai Jiao selbst zu heilen und zu transformieren. Wir werden in den Übungen für die ersten drei Seelenhäuser eine spezielle Handhaltung der Körperkraft, die „Yin Yang-Handhaltung", benutzen.

Die „Yin Yang Handhaltung"

Umfassen Sie den linken Daumen mit den Fingern Ihrer rechten Hand und machen Sie mit Ihrer rechten Hand eine Faust. Umschließen Sie mit allen vier Fingern der linken Hand die rechte Hand. Umfassen Sie den linken Daumen mit etwa fünfundsiebzig bis achtzig Prozent Ihrer maximalen Kraft. Das ist die „Yin Yang Handhaltung". Siehe Abbildung 16.

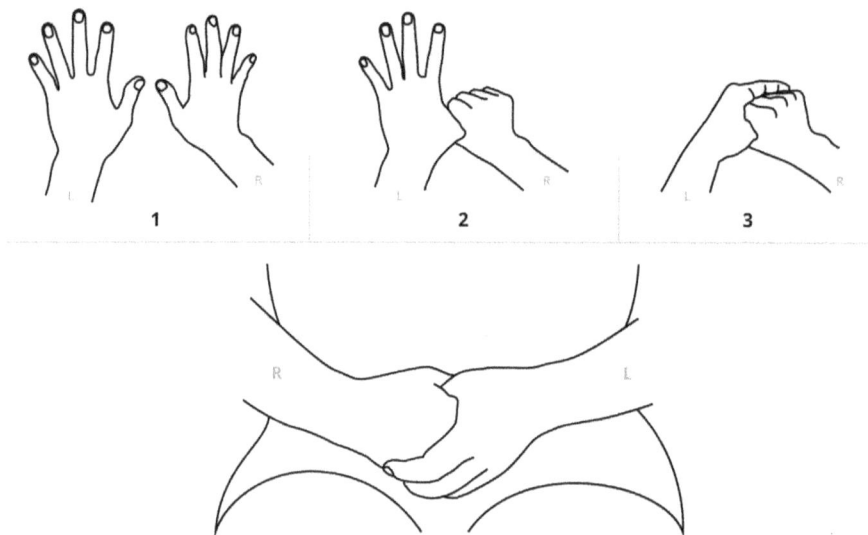

Abbildung 16. Die „Yin Yang Handhaltung"

Das erste Chakra oder Seelenhaus

Körperkraft. Legen Sie Ihre Hände in der „Yin Yang Handhaltung" über das erste Seelenhaus am Beckenboden.

Seelenkraft. Sagen Sie *„Hallo"* zu Ihren inneren Seelen:

> *Liebe Seele Herz Geist Körper meines ersten Chakra und Seelenhauses,*
> *ich liebe dich, ehre dich und wertschätze dich.*
> *Du hast die Kraft, dich selbst zu heilen und zu transformieren.*
> *Mach deine Sache gut.*
> *Danke.*

Sagen Sie *„Hallo"* zu äußeren Seelen:

Liebe Tao-Quelle und liebes Göttliche,
liebe Buddhas und Heilige (nennen Sie die Heiligen, an die Sie glauben),
lieber Himmel, liebe Mutter Erde und unzählige Planeten, Sterne, Galaxien
   und Universen,
ich liebe euch, ehre euch und wertschätze euch.
Bitte vergebt meinen Ahnen und mir für all die Fehler, die wir in all unseren
   Leben in Verbindung mit dem ersten Seelenhaus in all unseren Leben
   begangen haben.
Ich bedaure ernsthaft all diese Fehler.
Ich entschuldige mich von ganzem Herzen bei allen Seelen, die meine Ahnen
   und ich auf diese Weise verletzt oder geschädigt haben.
Um Vergebung zu erhalten, werde ich bedingungslos dienen. Zu chanten und
   zu meditieren ist Dienen.
Ich werde so viel chanten und meditieren, wie ich kann.
Ich werde bedingungslos dienen, so gut ich kann.
Ich vergebe bedingungslos jedem, der meine Ahnen oder mich in allen Leben
   verletzt oder geschädigt hat.
Ich bin äußerst dankbar.
Danke.

Geisteskraft. Visualisieren Sie goldenes Licht, das im und um das erste See-lenhaus herum strahlt.

Atemkraft. Atmen Sie ein und dehnen Sie Ihren Bauch aus. Atmen Sie aus und ziehen Sie Ihren Bauch ein. Achten Sie darauf, dass Sie ruhig, gleich-mäßig und natürlich einatmen und ausatmen. Denken Sie daran, dass die Länge beim Einatmen und Ausatmen von Ihrem persönlichen Befinden ab-hängt. Folgen Sie dem Weg der Natur.

Klangkraft. Wenn wir chanten, verbinden wir die Klangkraft mit der Atem-kraft und einer weiterentwickelten Geisteskraft. Schauen Sie sich das Video mit meinem Gesang an, das für diese Übung und alle wichtigen Übungen in diesem Buch für Sie aufgezeichnet worden ist.

Schritt 1

a. Atmen Sie ein. Visualisieren Sie goldenes Licht, das von der Nase durch die Mitte Ihres Körpers hinunter zum Beckenboden fließt, wo es eine Kugel in Ihrem ersten Seelenhaus bildet.

b. Atmen Sie aus. Chanten Sie „Hei" (ausgesprochen *Hey*), den heiligen Ton für das erste Seelenhaus. Visualisieren Sie gleichzeitig, wie sich die goldene Lichtkugel vom ersten Seelenhaus aus dreht und in alle Richtungen explodiert.

c. Wiederholen Sie die Schritte 1a und 1b insgesamt sieben Mal.

Schritt 2

a. Atmen Sie ein. Visualisieren Sie goldenes Licht, das von der Nase durch die Mitte Ihres Körpers hinunter zum Beckenboden fließt, wo es eine Kugel in Ihrem ersten Seelenhaus bildet.

b. Atmen Sie aus. Chanten Sie „Hei Hei Hei." Visualisieren Sie, wie sich die goldene Lichtkugel vom ersten Seelenhaus aus dreht und in alle Richtungen explodiert.

c. Wiederholen Sie die Schritte 2a und 2b insgesamt vier Mal.

Schritt 3

a. Atmen Sie ein. Die gleiche Visualisierung wie in Schritt 1a und 2a.

b. Atmen Sie aus. Chanten Sie:

Hei Ya (ausgesprochen *Hey Ja*)
Hei Ya Hei Ya You (ausgesprochen *Hey Ja Hey Ja Jou*)
Hei Ya Hei Ya You
Hei Ya Hei Ya Hei Ya You
Hei Ya Hei Ya Hei Ya Hei Ya You

Atmen Sie beim Chanten dieser fünf Zeilen nach jeder Zeile schnell ein und visualisieren Sie die Drehung der goldenen Lichtkugel wie folgt:

Wenn Sie die Zeile 1 chanten, dreht sich die goldene Lichtkugel aus dem ersten Seelenhaus hinauf zum Kun Gong (im Körper hinter dem Bauchnabel), dann zurück zum ersten Seelenhaus.

Wenn Sie die Zeilen 2 bis 5 chanten, dreht sich die goldene Lichtkugel aus dem ersten Seelenhaus hinauf zum Kun Gong (im Körper hinter dem Bauchnabel), dann zurück zum ersten Seelenhaus. Visualisieren Sie die goldene Kugel, wie sie sich in einem Kreislauf bewegt, wenn Sie in diesen Zeilen das „You" chanten. Sie gelangt durch ein unsichtbares Loch vor dem Steißbein in das Rückenmark, bewegt sich dann über das

Rückenmark zum Bereich des Hinterkopfs und in und durch das Gehirn hinauf zum siebten Seelenhaus. Von dort bewegt sie sich in Ihrer Nasenhöhle zurück zum Gaumen und dann durch das fünfte, vierte, dritte und zweite Seelenhaus zurück zum ersten Seelenhaus.

c. Wiederholen Sie die Schritte 3a und 3b insgesamt vier Mal.

Sie können laut oder im Stillen chanten. Sie üben am besten, indem Sie jedes Mal sowohl Yang, als auch Yin chanten.

Tao-Kalligrafiekraft. Zeichnen Sie *Da Ai*, Größte Liebe, oder *Da Kuan Shu*, Größte Vergebung, nach. (Siehe „Wie Sie weitere Tao-Kalligrafien finden, um Tao-Kalligrafiekraft anzuwenden" auf Seite 61 weiter oben.)

Wenn Sie nachzeichnen, wird das Nachzeichnen Ihre Körperkraft. Sie können das Nachzeichnen mit Geisteskraft, Klangkraft und/oder Atemkraft kombinieren, wenn Sie möchten, oder Sie können sich auch einfach nur auf das Nachzeichnen konzentrieren.

Abschluss. Beenden Sie Ihre Übungssitzung, indem Sie sagen:

Hao. Hao. Hao.
Danke. Danke. Danke.

Das zweite Chakra oder Seelenhaus

Körperkraft. Legen Sie Ihre Hände in der „Yin Yang Handhaltung" über das zweite Seelenhaus auf den Unterbauch unter dem Bauchnabel.

Seelenkraft. Sagen Sie „*Hallo*" zu Ihren inneren Seelen:

Liebe Seele Herz Geist Körper meines zweiten Chakra und Seelenhauses,
ich liebe dich, ehre dich und wertschätze dich.
Du hast die Kraft, dich selbst zu heilen und zu transformieren.
Mach deine Sache gut.
Danke.

Sagen Sie „*Hallo*" zu äußeren Seelen:

Liebe Tao-Quelle und liebes Göttliche,
liebe Buddhas und Heilige (nennen Sie die Heiligen, an die Sie glauben),

lieber Himmel, liebe Mutter Erde und unzählige Planeten, Sterne, Galaxien und Universen,

ich liebe euch, ehre euch und wertschätze euch.

Bitte vergebt meinen Ahnen und mir für all die Fehler, die wir in all unseren Leben in Verbindung mit dem zweiten Seelenhaus begangen haben.

Ich bedaure ernsthaft all diese Fehler.

Ich entschuldige mich von ganzem Herzen bei allen Seelen, die meine Ahnen und ich auf diese Weise verletzt oder geschädigt haben.

Um Vergebung zu erhalten, werde ich bedingungslos dienen. Zu chanten und zu meditieren ist Dienen.

Ich werde so viel chanten und meditieren, wie ich kann.

Ich werde bedingungslos dienen, so gut ich kann.

Ich vergebe bedingungslos jedem, der meine Ahnen oder mich in allen Leben verletzt oder geschädigt hat.

Ich bin äußerst dankbar.

Danke.

Geisteskraft. Visualisieren Sie goldenes Licht, das in und um das zweite Seelenhaus herum strahlt.

Atemkraft. Atmen Sie ein und dehnen Sie Ihren Bauch aus. Atmen Sie aus und ziehen Sie Ihren Bauch ein. Achten Sie darauf, dass Sie ruhig, gleichmäßig und natürlich einatmen und ausatmen. Denken Sie daran, dass die Länge beim Einatmen und Ausatmen von Ihrem persönlichen Befinden abhängt. Folgen Sie dem Weg der Natur.

Klangkraft. Wenn wir chanten, verbinden wir die Klangkraft mit der Atemkraft und einer weiterentwickelten Geisteskraft.

Schritt 1

a. Atmen Sie ein. Visualisieren Sie goldenes Licht, das von der Nase durch die Mitte Ihres Körpers hinunter zum Beckenboden fließt, wo es eine Kugel in Ihrem ersten Seelenhaus bildet.

b. Atmen Sie aus. Chanten Sie „Heng" (ausgesprochen *Hong*), den heiligen Ton des zweiten Seelenhauses. Gleichzeitig dreht sich die goldene Lichtkugel aus dem ersten Seelenhaus hinauf in das zweite Seelenhaus, wo sie sich dreht und in alle Richtungen explodiert.

c. Wiederholen Sie die Schritte 1a und 1b insgesamt sieben Mal.

Schritt 2

a. Atmen Sie ein. Visualisieren Sie goldenes Licht, das von der Nase durch die Mitte Ihres Körpers hinunter zum Beckenboden fließt, wo es eine Kugel in Ihrem ersten Seelenhaus bildet.

b. Atmen Sie aus. Chanten Sie „Heng Heng Heng." Die goldene Lichtkugel dreht sich aus dem ersten Seelenhaus in das zweite Seelenhaus hinauf, wo sie sich dreht und in alle Richtungen explodiert.

c. Wiederholen Sie die Schritte 2a und 2b insgesamt vier Mal.

Schritt 3

a. Atmen Sie ein. Die goldene Lichtkugel bildet sich in Ihrem ersten Seelenhaus.

b. Atmen Sie aus. Chanten Sie:

Heng Ya (ausgesprochen *Hong Ja*)
Heng Ya Heng Ya You (ausgesprochen *Hong Ja Hong Ja Jou*)
Heng Ya Heng Ya You
Heng Ya Heng Ya Heng Ya You
Heng Ya Heng Ya Heng Ya Heng Ya You

Atmen Sie beim Chanten dieser fünf Zeilen nach jeder Zeile schnell ein und visualisieren Sie die Drehung der goldenen Lichtkugel wie folgt:

Wenn Sie die Zeile 1 chanten, dreht sich die goldene Lichtkugel aus dem ersten Seelenhaus hinauf zum Kun Gong und kehrt dann zurück zum ersten Seelenhaus.

Wenn Sie die Zeilen 2 bis 5 chanten, dreht sich die goldene Lichtkugel aus dem ersten Seelenhaus hinauf durch das zweite Seelenhaus zum Kun Gong und kehrt dann zurück zum ersten Seelenhaus. Visualisieren Sie die goldene Kugel, wie sie sich in einem Kreislauf bewegt, wenn Sie in diesen Zeilen das „You" chanten. Sie gelangt durch ein unsichtbares Loch vor dem Steißbein in das Rückenmark, bewegt sich dann über das Rückenmark zum Bereich des Hinterkopfs und in und durch das Gehirn hinauf zum siebten Seelenhaus. Von dort bewegt sie sich in Ihrer Nasenhöhle zurück zum Gaumen und dann durch das fünfte, vierte, dritte und zweite Seelenhaus zurück zum ersten Seelenhaus.

c. Wiederholen Sie die Schritte 3a und 3b insgesamt vier Mal.

Sie können laut oder im Stillen chanten. Sie üben am besten, indem Sie jedes Mal sowohl Yang, als auch Yin chanten.

Tao-Kalligrafiekraft. Zeichnen Sie *Da Ai*, Größte Liebe, oder *Da Kuan Shu*, Größte Vergebung, nach. (Siehe „Wie Sie weitere Tao-Kalligrafien finden, um Tao-Kalligrafiekraft anzuwenden" auf Seite 61 weiter oben.)

Wenn Sie nachzeichnen, wird das Nachzeichnen Ihre Körperkraft. Sie können das Nachzeichnen mit Geisteskraft, Klangkraft und/oder Atemkraft kombinieren, wenn Sie möchten, oder Sie können sich auch einfach nur auf das Nachzeichnen konzentrieren.

Abschluss. Beenden Sie Ihre Übungssitzung, indem Sie sagen:

Hao. Hao. Hao.
Danke. Danke. Danke.

Das dritte Chakra oder Seelenhaus

Körperkraft. Legen Sie Ihre Hände in der „Yin Yang Handhaltung" über den Bauchnabel, der auch über dem dritten Seelenhaus liegt.

Seelenkraft. Sagen Sie „*Hallo*" zu Ihren inneren Seelen:

Liebe Seele Herz Geist Körper meines dritten Chakra und Seelenhauses,
ich liebe dich, ehre dich und wertschätze dich.
Du hast die Kraft, dich selbst zu heilen und zu transformieren.
Mach deine Sache gut.
Danke.

Sagen Sie „*Hallo*" zu äußeren Seelen:

Liebe Tao-Quelle und liebes Göttliche,
liebe Buddhas und Heilige (nennen Sie die Heiligen, an die Sie glauben),
lieber Himmel, lieber Mutter Erde und unzählige Planeten, Sterne, Galaxien
*   und Universen,*
ich liebe euch, ehre euch und wertschätze euch.
Bitte vergebt meinen Ahnen und mir für all die Fehler, die wir in all unseren
*   Leben in Verbindung mit dem dritten Seelenhaus begangen haben.*
Ich bedaure ernsthaft all diese Fehler.

*Ich entschuldige mich von ganzem Herzen bei allen Seelen, die meine Ahnen
und ich auf diese Weise verletzt oder geschädigt haben.*
Um Vergebung zu erhalten, werde ich bedingungslos dienen.
Zu chanten und zu meditieren heißt, zu dienen.
Ich werde so viel chanten und meditieren, wie ich kann.
Ich werde bedingungslos dienen, so gut ich kann.
*Ich vergebe bedingungslos jedem, der meine Ahnen oder mich in allen Leben
verletzt oder geschädigt hat.*
Ich bin äußerst dankbar.
Danke.

Geisteskraft. Visualisieren Sie goldenes Licht, das in und um das dritte Seelenhaus herum strahlt.

Atemkraft. Atmen Sie ein und dehnen Sie Ihren Bauch aus. Atmen Sie aus
und ziehen Sie Ihren Bauch ein. Achten Sie darauf, dass Sie ruhig, gleichmäßig und natürlich einatmen und ausatmen. Denken Sie daran, dass die
Länge beim Einatmen und Ausatmen von Ihrem persönlichen Befinden abhängt. Folgen Sie dem Weg der Natur.

Klangkraft. Wenn wir chanten, verbinden wir die Klangkraft mit der Atemkraft und einer weiterentwickelten Geisteskraft.

Schritt 1

a. Atmen Sie ein. Visualisieren Sie goldenes Licht, das von der Nase durch
die Mitte Ihres Körpers hinunter zum Beckenboden fließt, wo es eine
Kugel in Ihrem ersten Seelenhaus bildet.

b. Atmen Sie aus. Chanten Sie „Hong" (ausgesprochen *Hong*), den heiligen
Ton des dritten Seelenhauses. Gleichzeitig dreht sich die goldene Lichtkugel aus dem ersten Seelenhaus hinauf zum dritten Seelenhaus, wo sie
sich dreht und in alle Richtungen explodiert.

c. Wiederholen Sie die Schritte 1a und 1b insgesamt sieben Mal.

Schritt 2

a. Atmen Sie ein. Visualisieren Sie goldenes Licht, das von der Nase durch
die Mitte Ihres Körpers hinunter zum Beckenboden fließt, wo es eine
Kugel in Ihrem ersten Seelenhaus bildet.

b. Atmen Sie aus. Chanten Sie „Hong Hong Hong." Die goldene Lichtkugel dreht sich aus dem ersten Seelenhaus in das dritte Seelenhaus hinauf und explodiert in alle Richtungen.

c. Wiederholen Sie die Schritte 2a und 2b insgesamt vier Mal.

Schritt 3

a. Atmen Sie ein. Die goldene Lichtkugel verdichtet sich in Ihrem ersten Seelenhaus.

b. Atmen Sie aus. Chanten Sie:

Hong Ya (ausgesprochen *Hong Ja*)
Hong Ya Hong Ya You (ausgesprochen *Hong Ja Hong Ja Jou*)
Hong Ya Hong Ya You
Hong Ya Hong Ya Hong Ya You
Hong Ya Hong Ya Hong Ya Hong Ya You

Atmen Sie beim Chanten dieser fünf Zeilen nach jeder Zeile schnell ein und visualisieren Sie die Drehung der goldenen Lichtkugel wie folgt:

Wenn Sie die Zeile 1 chanten, dreht sich die goldene Lichtkugel aus dem ersten Seelenhaus hinauf in das zweite Seelenhaus und kehrt dann zurück zum ersten Seelenhaus.

Wenn Sie die Zeilen 2 bis 5 chanten, dreht sich die goldene Lichtkugel aus dem ersten Seelenhaus hinauf in das zweite Seelenhaus und dann zurück zum ersten Seelenhaus. Visualisieren Sie die goldene Kugel, wie sie sich in einem Kreislauf bewegt, wenn Sie in diesen Zeilen das „You" chanten. Sie gelangt durch ein unsichtbares Loch vor dem Steißbein in das Rückenmark, bewegt sich dann über das Rückenmark zum Bereich des Hinterkopfs und in und durch das Gehirn hinauf zum siebten Seelenhaus. Von dort bewegt sie sich in Ihrer Nasenhöhle zurück zum Gaumen und dann durch das fünfte, vierte, dritte und zweite Seelenhaus zurück zum ersten Seelenhaus.

c. Wiederholen Sie die Schritte 3a und 3b insgesamt vier Mal.

Sie können laut oder im Stillen chanten. Sie üben am besten, indem Sie jedes Mal sowohl Yang, als auch Yin chanten.

Tao-Kalligrafiekraft. Zeichnen Sie *Da Ai*, Größte Liebe, oder *Da Kuan Shu*, Größte Vergebung, nach. (Siehe „Wie Sie weitere Tao-Kalligrafien finden, um Tao-Kalligrafiekraft anzuwenden" auf Seite 61 weiter oben.)

Wenn Sie nachzeichnen, wird das Nachzeichnen Ihre Körperkraft. Sie können das Nachzeichnen mit Geisteskraft, Klangkraft und/oder Atemkraft kombinieren, wenn Sie möchten, oder Sie können sich auch einfach nur auf das Nachzeichnen konzentrieren.

Abschluss. Beenden Sie Ihre Übungssitzung, indem Sie sagen:

Hao. Hao. Hao.
Danke. Danke. Danke.

Das vierte Chakra oder Seelenhaus

Körperkraft. Legen Sie eine Handfläche unterhalb des Bauchnabels. Legen Sie die andere Handfläche über Ihr Botschaftenzentrum.

Seelenkraft. Sagen Sie „*Hallo*" zu Ihren inneren Seelen:

Liebe Seele Herz Geist Körper meines vierten Seelenhauses,
ich liebe dich, ehre dich und wertschätze dich.
Du hast die Kraft, dich selbst zu heilen und zu transformieren.
Mach deine Sache gut.
Danke.

Sagen Sie „*Hallo*" zu äußeren Seelen:

Liebe Tao-Quelle und liebes Göttliche,
liebe Buddhas und Heilige (nennen Sie die Heiligen, an die Sie glauben),
lieber Himmel, liebe Mutter Erde und unzählige Planeten, Sterne, Galaxien
*   und Universen,*
ich liebe euch, ehre euch und wertschätze euch.
Bitte vergebt meinen Ahnen und mir für all die Fehler, die wir in unseren
*   Leben in Verbindung mit dem vierten Seelenhaus begangen haben.*
Ich bedaure ernsthaft all diese Fehler.
Ich entschuldige mich von ganzem Herzen bei allen Seelen, die meine Ahnen
*   und ich auf diese Weise verletzt oder geschädigt haben.*
Um Vergebung zu erhalten, werde ich bedingungslos dienen.

Zu chanten und zu meditieren ist Dienen.
Ich werde so viel chanten und meditieren, wie ich kann.
Ich werde bedingungslos dienen, so gut ich kann.
Ich vergebe bedingungslos jedem, der meine Ahnen oder mich in allen Leben
   verletzt oder geschädigt hat.
Ich bin äußerst dankbar.
Danke.

Geisteskraft. Visualisieren Sie goldenes Licht, das in und um das vierte See-lenhaus herum strahlt.

Atemkraft. Atmen Sie ein und dehnen Sie Ihren Bauch aus. Atmen Sie aus und ziehen Sie Ihren Bauch ein. Achten Sie darauf, dass Sie ruhig, gleich-mäßig und natürlich einatmen und ausatmen. Denken Sie daran, dass die Länge beim Einatmen und Ausatmen von Ihrem persönlichen Befinden ab-hängt. Folgen Sie dem Weg der Natur.

Klangkraft. Wenn wir chanten, verbinden wir die Klangkraft mit der Atem-kraft und einer weiterentwickelten Geisteskraft.

Schritt 1

a. Atmen Sie ein. Visualisieren Sie goldenes Licht, das von der Nase durch die Mitte Ihres Körpers hinunter zum Beckenboden fließt, wo es eine Kugel in Ihrem ersten Seelenhaus bildet.

b. Atmen Sie aus. Chanten Sie „Ah", den heiligen Ton des vierten Seelen-hauses. Gleichzeitig dreht sich die goldene Lichtkugel aus dem ersten Seelenhaus hinauf in das vierte Seelenhaus, wo sie sich dreht und in alle Richtungen explodiert.

c. Wiederholen Sie die Schritte 1a und 1b insgesamt sieben Mal.

Schritt 2

a. Atmen Sie ein. Visualisieren Sie goldenes Licht, das von der Nase durch die Mitte Ihres Körpers hinunter zum Beckenboden fließt, wo es eine Kugel in Ihrem ersten Seelenhaus bildet.

b. Atmen Sie aus. Chanten Sie „Ah Ah Ah." Die goldene Lichtkugel dreht sich aus dem ersten Seelenhaus hinauf durch das zweite und dritte See-lenhaus zum vierten Seelenhaus, wo sie sich dreht und in alle Richtun-gen explodiert.

c. Wiederholen Sie die Schritte 2a und 2b insgesamt vier Mal.

Schritt 3

a. Atmen Sie ein. Die goldene Lichtkugel verdichtet sich in Ihrem ersten Seelenhaus.

b. Atmen sie aus. Chanten Sie:

Ah Ya (ausgesprochen *Ah Ja*)
Ah Ya Ah Ya You (ausgesprochen *Ah Ja Ah Ja Jou*)
Ah Ya Ah Ya You
Ah Ya Ah Ya Ah Ya You
Ah Ya Ah Ya Ah Ya Ah Ya You

Atmen Sie beim Chanten dieser fünf Zeilen nach jeder Zeile schnell ein und visualisieren Sie die Drehung der goldenen Lichtkugel wie folgt:

Wenn Sie die Zeile 1 chanten, dreht sich die goldene Lichtkugel aus dem ersten Seelenhaus hinauf in das vierte Seelenhaus und kehrt dann zurück zum ersten Seelenhaus.

Wenn Sie die Zeilen 2 bis 5 chanten, dreht sich die goldene Lichtkugel aus dem ersten Seelenhaus hinauf in das vierte Seelenhaus und dann durch den Kun Gong zurück zum ersten Seelenhaus. Visualisieren Sie die goldene Kugel, wie sie sich in einem Kreislauf bewegt, wenn Sie in diesen Zeilen das „You" chanten. Sie gelangt durch ein unsichtbares Loch vor dem Steißbein in das Rückenmark, bewegt sich dann über das Rückenmark zum Bereich des Hinterkopfs und in und durch das Gehirn hinauf zum siebten Seelenhaus. Von dort bewegt sie sich in Ihrer Nasenhöhle zurück zum Gaumen und dann durch das fünfte, vierte, dritte und zweite Seelenhaus zurück zum ersten Seelenhaus.

c. Wiederholen Sie die Schritte 3a und 3b insgesamt vier Mal.

Sie können laut oder im Stillen chanten. Sie üben am Besten, indem Sie jedes Mal sowohl Yang, als auch Yin chanten.

Tao-Kalligrafiekraft. Zeichnen Sie *Da Ai*, Größte Liebe, oder *Da Kuan Shu*, Größte Vergebung, nach. (Siehe „Wie Sie weitere Tao-Kalligrafien finden, um Tao-Kalligrafiekraft anzuwenden" auf Seite 61 weiter oben.)

Wenn Sie nachzeichnen, wird das Nachzeichnen Ihre Körperkraft. Sie können das Nachzeichnen mit Geisteskraft, Klangkraft und/oder Atemkraft kombinieren, wenn Sie möchten, oder Sie können sich auch einfach nur auf das Nachzeichnen konzentrieren.

Abschluss. Beenden Sie Ihre Übungssitzung, indem Sie sagen:

Hao. Hao. Hao.
Danke. Danke. Danke.

Das fünfte Chakra oder Seelenhaus

Körperkraft. Legen Sie eine Handfläche unterhalb des Bauchnabels. Legen Sie die andere Handfläche auf Ihre Kehle über das fünfte Seelenhaus.

Seelenkraft. Sagen Sie „*Hallo*" zu Ihren inneren Seelen:

Liebe Seele Herz Geist Körper meines fünften Seelenhauses,
ich liebe dich, ehre dich und wertschätze dich.
Du hast die Kraft, dich selbst zu heilen und zu transformieren.
Mach deine Sache gut.
Danke.

Sagen Sie „*Hallo*" zu äußeren Seelen:

Liebe Tao-Quelle und liebes Göttliche,
liebe Buddhas und Heilige (nennen Sie die Heiligen, an die Sie glauben),
lieber Himmel, liebe Mutter Erde und unzählige Planeten, Sterne, Galaxien
*   und Universen,*
ich liebe euch, ehre euch und wertschätze euch.
Bitte vergebt meinen Ahnen und mir für all die Fehler, die wir in all unseren
*   Leben in Verbindung mit dem fünften Seelenhaus begangen haben.*
Ich bedaure ernsthaft all diese Fehler.
Ich entschuldige mich von ganzem Herzen bei allen Seelen, die meine Ahnen
*   und ich auf diese Weise verletzt oder geschädigt haben.*
Um Vergebung zu erhalten, werde ich bedingungslos dienen. Zu chanten und
*   zu meditieren ist Dienen.*
Ich werde so viel chanten und meditieren, wie ich kann.
Ich werde bedingungslos dienen, so gut ich kann.

*Ich vergebe bedingungslos jedem, der meine Ahnen oder mich in allen Leben
verletzt oder geschädigt hat.*
Ich bin äußerst dankbar.
Danke.

Geisteskraft. Visualisieren Sie goldenes Licht, das in und um das fünfte
Seelenhaus herum strahlt.

Atemkraft. Atmen Sie ein und dehnen Sie Ihren Bauch aus. Atmen Sie aus
und ziehen Sie Ihren Bauch ein. Achten Sie darauf, dass Sie ruhig, gleichmäßig und natürlich einatmen und ausatmen. Denken Sie daran, dass die
Länge beim Einatmen und Ausatmen von Ihrem persönlichen Befinden abhängt. Folgen Sie dem Weg der Natur.

Klangkraft. Wenn wir chanten, verbinden wir die Klangkraft mit der Atemkraft und einer weiterentwickelten Geisteskraft.

Schritt 1

a. Atmen Sie ein. Visualisieren Sie goldenes Licht, das von der Nase durch
die Mitte Ihres Körpers hinunter zum Beckenboden fließt, wo es eine
Kugel in Ihrem ersten Seelenhaus bildet.

b. Atmen Sie aus. Chanten Sie „Xi" (ausgesprochen *Schi*), den heiligen Ton
des fünften Seelenhauses. Gleichzeitig dreht sich die goldene Lichtkugel
aus dem ersten Seelenhaus hinauf in das fünfte Seelenhaus, wo sie sich
dreht und in alle Richtungen explodiert.

c. Wiederholen Sie die Schritte 1a und 1b insgesamt sieben Mal.

Schritt 2

a. Atmen Sie ein. Visualisieren Sie goldenes Licht, das von der Nase durch
die Mitte Ihres Körpers hinunter zum Beckenboden fließt, wo es eine
Kugel in Ihrem ersten Seelenhaus bildet.

b. Atmen Sie aus. Chanten Sie „Xi Xi Xi." Die goldene Lichtkugel dreht sich
aus dem ersten Seelenhaus durch das zweite, dritte und vierte Seelenhaus hinauf zum fünften Seelenhaus, wo sie sich dreht und in allen Richtungen explodiert.

c. Wiederholen Sie die Schritte 2a und 2b insgesamt vier Mal.

Schritt 3

a. Atmen Sie ein. Die goldene Lichtkugel verdichtet sich in Ihrem ersten Seelenhaus.

b. Atmen Sie aus. Chanten Sie:

Xi Ya (ausgesprochen *Schi Ja*)
Xi Ya Xi Ya You (ausgesprochen *Schi Ja Schi Ja Jou*)
Xi Ya Xi Ya You
Xi Ya Xi Ya Xi Ya You
Xi Ya Xi Ya Xi Ya Xi Ya You

Atmen Sie beim Chanten dieser fünf Zeilen nach jeder Zeile schnell ein und visualisieren Sie die Drehung der goldenen Lichtkugel wie folgt:

Wenn Sie die Zeile 1 chanten, dreht sich die goldene Lichtkugel aus dem ersten Seelenhaus hinauf in das fünfte Seelenhaus und kehrt dann durch den Kun Gong zurück zum ersten Seelenhaus.

Wenn Sie die Zeilen 2 bis 5 chanten, dreht sich die goldene Lichtkugel aus dem ersten Seelenhaus hinauf in das fünfte Seelenhaus und dann durch den Kun Gong zurück zum ersten Seelenhaus. Visualisieren Sie die goldene Kugel, wie sie sich in einem Kreislauf bewegt, wenn Sie in diesen Zeilen das „You" chanten. Sie gelangt durch ein unsichtbares Loch vor dem Steißbein in das Rückenmark, bewegt sich dann über das Rückenmark zum Bereich des Hinterkopfs und in und durch das Gehirn hinauf zum siebten Seelenhaus. Von dort bewegt sie sich in Ihrer Nasenhöhle zurück zum Gaumen und dann durch das fünfte, vierte, dritte und zweite Seelenhaus zurück zum ersten Seelenhaus.

c. Wiederholen Sie die Schritte 3a und 3b insgesamt vier Mal.

Sie können laut oder im Stillen chanten. Sie üben am besten, indem Sie jedes Mal sowohl Yang, als auch Yin chanten.

Tao-Kalligrafiekraft. Zeichnen Sie *Da Ai*, Größte Liebe, oder *Da Kuan Shu*, Größte Vergebung, nach. (Siehe „Wie Sie weitere Tao-Kalligrafien finden, um Tao-Kalligrafiekraft anzuwenden" auf Seite 61 weiter oben.)

Wenn Sie nachzeichnen, wird das Nachzeichnen Ihre Körperkraft. Sie können das Nachzeichnen mit Geisteskraft, Klangkraft und/oder Atemkraft kombinieren, wenn Sie möchten, oder Sie können sich auch einfach nur auf das Nachzeichnen konzentrieren.

Abschluss. Beenden Sie Ihre Übungssitzung, indem Sie sagen:

Hao. Hao. Hao.
Danke. Danke. Danke.

Das sechste Chakra oder Seelenhaus

Körperkraft. Legen Sie eine Handfläche unter den Bauchnabel. Legen Sie die andere Handfläche auf Ihre Stirn über das sechste Seelenhaus.

Seelenkraft. Sagen Sie „*Hallo*" zu Ihren inneren Seelen:

Liebe Seele Herz Geist Körper meines sechsten Seelenhauses,
ich liebe dich, ehre dich und wertschätze dich.
Du hast die Kraft, dich selbst zu heilen und zu transformieren.
Mach deine Sache gut.
Danke.

Sagen Sie „*Hallo*" zu äußeren Seelen:

Liebe Tao-Quelle und liebes Göttliche,
liebe Buddhas und Heilige (nennen Sie die Heiligen, an die Sie glauben),
lieber Himmel, liebe Mutter Erde und unzählige Planeten, Sterne, Galaxien
    und Universen,
ich liebe euch, ehre euch und wertschätze euch.
Bitte vergebt meinen Ahnen und mir für all die Fehler, die wir in all unseren
    Leben sechsten Seelenhaus begangen haben.
Ich bedaure ernsthaft all diese Fehler.
Ich entschuldige mich von ganzem Herzen bei allen Seelen, die meine Ahnen
    und ich auf diese Weise verletzt oder geschädigt haben.
Um Vergebung zu erhalten, werde ich bedingungslos dienen.
Zu chanten und zu meditieren ist Dienen.
Ich werde so viel chanten und meditieren, wie ich kann.
Ich werde bedingungslos dienen, so gut ich kann.
Ich vergebe bedingungslos jedem, der meine Ahnen oder mich in allen Leben
    verletzt oder geschädigt hat.
Ich bin äußerst dankbar.
Danke.

Geisteskraft. Visualisieren Sie goldenes Licht, das in und um das sechste Seelenhaus herum strahlt.

Atemkraft. Atmen Sie ein und dehnen Sie Ihren Bauch aus. Atmen Sie aus und ziehen Sie Ihren Bauch ein. Achten Sie darauf, dass Sie ruhig, gleichmäßig und natürlich einatmen und ausatmen. Denken Sie daran, dass die Länge beim Einatmen und Ausatmen von Ihrem persönlichen Befinden abhängt. Folgen Sie dem Weg darauf.

Klangkraft. Wenn wir chanten, verbinden wir die Klangkraft mit der Atemkraft und einer weiterentwickelten Geisteskraft.

Schritt 1

a. Atmen Sie ein. Visualisieren Sie goldenes Licht, das von der Nase durch die Mitte Ihres Körpers hinunter zum Beckenboden fließt, wo es eine Kugel in Ihrem ersten Seelenhaus bildet.

b. Atmen Sie aus. Chanten Sie „Yi" (ausgesprochen *Ji*), den heiligen Ton des sechsten Seelenhauses. Gleichzeitig dreht sich die goldene Lichtkugel aus dem ersten Seelenhaus hinauf in das sechste Seelenhaus, wo sie sich dreht und in alle Richtungen explodiert.

c. Wiederholen Sie die Schritte 1a und 1b insgesamt sieben Mal.

Schritt 2

a. Atmen Sie ein. Visualisieren Sie goldenes Licht, das von der Nase durch die Mitte Ihres Körpers hinunter zum Beckenboden fließt, wo es eine Kugel in Ihrem ersten Seelenhaus bildet.

b. Atmen Sie aus. Chanten Sie „Yi Yi Yi." Die goldene Lichtkugel dreht sich aus dem ersten Seelenhaus hinauf durch das zweite, dritte, vierte und fünfte Seelenhaus in das sechste Seelenhaus, wo sie sich dreht und in alle Richtungen explodiert.

c. Wiederholen Sie die Schritte 2a und 2b insgesamt vier Mal.

Schritt 3

a. Atmen Sie ein. Die goldene Lichtkugel verdichtet sich in Ihrem ersten Seelenhaus.

b. Atmen Sie aus. Chanten Sie:

Yi Ya (ausgesprochen *Ji Ja*)
Yi Ya Yi Ya You (ausgesprochen *Ji Ja Ji Ja Jou*)
Yi Ya Yi Ya You
Yi Ya Yi Ya Yi Ya You
Yi Ya Yi Ya Yi Ya Yi Ya You

Atmen Sie beim Chanten dieser fünf Zeilen nach jeder Zeile schnell ein und visualisieren Sie die Drehung der goldenen Lichtkugel wie folgt:

Wenn Sie die Zeile 1 chanten, dreht sich die goldene Lichtkugel aus dem ersten Seelenhaus hinauf in das sechste Seelenhaus und kehrt dann durch den Kun Gong zurück zum ersten Seelenhaus.

Wenn Sie die Zeilen 2 bis 5 chanten, dreht sich die goldene Lichtkugel aus dem ersten Seelenhaus hinauf in das sechste Seelenhaus und dann durch den Kun Gong zurück zum ersten Seelenhaus. Visualisieren Sie die goldene Kugel, wie sie sich in einem Kreislauf bewegt, wenn Sie in diesen Zeilen das „You" chanten. Sie gelangt durch ein unsichtbares Loch vor dem Steißbein in das Rückenmark, bewegt sich dann über das Rückenmark zum Bereich des Hinterkopfs und in und durch das Gehirn hinauf zum siebten Seelenhaus. Von dort bewegt sie sich in Ihrer Nasenhöhle zurück zum Gaumen und dann durch das fünfte, vierte, dritte und zweite Seelenhaus zurück zum ersten Seelenhaus.

c. Wiederholen Sie die Schritte 3a und 3b insgesamt vier Mal.

Sie können laut oder im Stillen chanten. Sie üben am besten, indem Sie jedes Mal sowohl Yang, als auch Yin chanten.

Tao-Kalligrafiekraft. Zeichnen Sie *Da Ai*, Größte Liebe, oder *Da Kuan Shu*, Größte Vergebung, nach. (Siehe „Wie Sie weitere Tao-Kalligrafien finden, um Tao-Kalligrafiekraft anzuwenden" auf Seite 61 weiter oben.)

Wenn Sie nachzeichnen, wird das Nachzeichnen Ihre Körperkraft. Sie können das Nachzeichnen mit Geisteskraft, Klangkraft und/oder Atemkraft kombinieren, wenn Sie möchten, oder Sie können sich auch einfach nur auf das Nachzeichnen konzentrieren.

Abschluss. Beenden Sie Ihre Übungssitzung, indem Sie sagen:

Hao. Hao. Hao.
Danke. Danke. Danke.

Das siebte Chakra oder Seelenhaus

Körperkraft. Legen Sie eine Handfläche unter den Bauchnabel. Legen Sie die andere Handfläche über den Bai Hui-Akupunkturpunkt auf dem Kopf.

Seelenkraft. Sagen Sie „*Hallo*" zu Ihren inneren Seelen:

Liebe Seele Herz Geist Körper meines siebten Seelenhauses,
ich liebe dich, ehre dich und wertschätze dich.
du hast die Kraft, dich selbst zu heilen und zu transformieren.
Mach deine Sache gut.
Danke.

Sagen Sie „*Hallo*" zu äußeren Seelen:

Liebe Tao-Quelle und liebes Göttliche,
liebe Buddhas und Heilige (nennen Sie die Heiligen, an die Sie glauben),
lieber Himmel, liebe Mutter Erde und unzählige Planeten, Sterne, Galaxien
    und Universen,
ich liebe euch, ehre euch und wertschätze euch.
Bitte vergebt meinen Ahnen und mir für all die Fehler, die wir in all unseren
    Leben verbunden mit dem siebten Seelenhaus begangen haben.
Ich bedaure ernsthaft all diese Fehler.
Ich entschuldige mich von ganzem Herzen bei allen Seelen, die meine Ahnen
    und ich auf diese Weise verletzt oder geschädigt haben.
Um Vergebung zu erhalten, werde ich bedingungslos dienen. Zu chanten und
    zu meditieren ist Dienen.
Ich werde so viel chanten und meditieren, wie ich kann.
Ich werde bedingungslos dienen, so gut ich kann.
Ich vergebe bedingungslos jedem, der meine Ahnen oder mich in allen Leben
    verletzt oder geschädigt hat.
Ich bin äußerst dankbar.
Danke.

Geisteskraft. Visualisieren Sie goldenes Licht, das in und um das siebte Seelenhaus herum strahlt.

Atemkraft. Atmen Sie ein und dehnen Sie Ihren Bauch aus. Atmen Sie aus und ziehen Sie Ihren Bauch ein. Achten Sie darauf, dass Sie ruhig, gleichmäßig und natürlich einatmen und ausatmen. Denken Sie daran, dass die Länge beim Einatmen und Ausatmen von Ihrem persönlichen Befinden abhängt. Folgen Sie dem Weg der Natur.

Klangkraft. Wenn wir chanten, verbinden wir die Klangkraft mit der Atemkraft und einer weiterentwickelten Geisteskraft.

Schritt 1

a. Atmen Sie ein. Visualisieren Sie goldenes Licht, das von der Nase durch die Mitte Ihres Körpers hinunter zum Beckenboden fließt, wo es eine Kugel in Ihrem ersten Seelenhaus bildet.

b. Atmen Sie aus. Chanten Sie „Weng" (ausgesprochen *Wong*), den heiligen Ton des siebten Seelenhauses. Gleichzeitig dreht sich die goldene Lichtkugel aus dem ersten Seelenhaus hinauf in das siebte Seelenhaus, wo sie sich dreht und in alle Richtungen explodiert.

c. Wiederholen Sie die Schritte 1a und 1b insgesamt sieben Mal.

Schritt 2

a. Atmen Sie ein. Visualisieren Sie goldenes Licht, das von der Nase durch die Mitte Ihres Körpers hinunter zum Beckenboden fließt, wo es eine Kugel in Ihrem ersten Seelenhaus bildet.

b. Atmen Sie aus. Chanten Sie „Weng Weng Weng." Die goldene Lichtkugel dreht sich aus dem ersten Seelenhaus hinauf durch das zweite, dritte, vierte, fünfte und sechste Seelenhaus zum siebten Seelenhaus, wo sie sich dreht und in alle Richtungen explodiert.

c. Wiederholen Sie die Schritte 2a und 2b insgesamt vier Mal.

Schritt 3

a. Atmen Sie ein. Die goldene Lichtkugel verdichtet sich in Ihrem ersten Seelenhaus.

b. Atmen Sie aus. Chanten Sie:

Weng Ya (ausgesprochen *Wong Ja*)
Weng Ya Weng Ya You (ausgesprochen *Wong Ja Wong Ja Jou*)
Weng Ya Weng Ya You

Weng Ya Weng Ya Weng Ya You
Weng Ya Weng Ya Weng Ya Weng Ya You

Atmen Sie beim Chanten dieser fünf Zeilen nach jeder Zeile schnell ein und visualisieren Sie die Drehung der goldenen Lichtkugel wie folgt:

Wenn Sie die Zeile 1 chanten, dreht sich die goldene Lichtkugel aus dem ersten Seelenhaus hinauf in das siebte Seelenhaus und kehrt dann durch den Kun Gong zurück zum ersten Seelenhaus.

Wenn Sie die Zeilen 2 bis 5 chanten, dreht sich die goldene Lichtkugel aus dem ersten Seelenhaus hinauf in das siebte Seelenhaus und dann durch den Kun Gong zurück zum ersten Seelenhaus. Visualisieren Sie die goldene Kugel, wie sie sich in einem Kreislauf bewegt, wenn Sie in diesen Zeilen das „You" chanten. Sie gelangt durch ein unsichtbares Loch vor dem Steißbein in das Rückenmark, bewegt sich dann über das Rückenmark zum Bereich des Hinterkopfs und in und durch das Gehirn hinauf zum siebten Seelenhaus. Von dort bewegt sie sich in Ihrer Nasenhöhle zurück zum Gaumen und dann durch das fünfte, vierte, dritte und zweite Seelenhaus zurück zum ersten Seelenhaus.

c. Wiederholen Sie die Schritte 3a und 3b insgesamt vier Mal.

Sie können laut oder im Stillen chanten. Sie üben am besten, indem Sie jedes Mal sowohl Yang, als auch Yin chanten.

Tao-Kalligrafiekraft. Zeichnen Sie *Da Ai*, Größte Liebe, oder *Da Kuan Shu*, Größte Vergebung, nach. (Siehe „Wie Sie weitere Tao-Kalligrafien finden, um Tao-Kalligrafiekraft anzuwenden" auf Seite 61 weiter oben.)

Wenn Sie nachzeichnen, wird das Nachzeichnen Ihre Körperkraft. Sie können das Nachzeichnen mit Geisteskraft, Klangkraft und/oder Atemkraft kombinieren, wenn Sie möchten, oder Sie können sich auch einfach nur auf das Nachzeichnen konzentrieren.

Abschluss. Beenden Sie Ihre Übungssitzung, indem Sie sagen:

Hao. Hao. Hao.
Danke. Danke. Danke.

Der Wai Jiao

Körperkraft. Legen Sie eine Handfläche unter den Bauchnabel. Legen Sie die andere Handfläche über den Ming Men-Akupunkturpunkt auf dem Rücken direkt hinter dem Bauchnabel.

Seelenkraft. Sagen Sie „Hallo" zu inneren Seelen:

Liebe Seele Herz Geist Körper meines Wai Jiao (ausgesprochen *Wai Jiau*),
ich liebe dich, ehre dich und wertschätze dich.
Du hast die Kraft, dich selbst zu heilen und zu transformieren.
Mach deine Sache gut.
Danke.

Sagen Sie „Hallo" zu äußeren Seelen:

Liebe Tao-Quelle und liebes Göttliche,
liebe Buddhas und Heilige (nennen Sie die Heiligen, an die Sie glauben),
Lieber Himmel, liebe Mutter Erde und unzählige Planeten, Sterne, Galaxien
und Universen,
ich liebe euch, ehre euch und wertschätze euch.
Bitte vergebt meinen Ahnen und mir für all die Fehler, die wir in all unseren
Leben in Verbindung mit dem Wai Jiao begangen haben.
Ich bedaure ernsthaft all diese Fehler.
Ich entschuldige mich von ganzem Herzen bei allen Seelen, die meine Ahnen
und ich auf diese Weise verletzt oder geschädigt haben.
Um Vergebung zu erhalten, werde ich bedingungslos dienen. Zu chanten und
zu meditieren ist Dienen.
Ich werde so viel chanten und meditieren, wie ich kann.
Ich werde bedingungslos dienen, so gut ich kann.
Ich vergebe bedingungslos jedem, der meine Ahnen oder mich in allen Leben
verletzt oder geschädigt hat.
Ich bin äußerst dankbar.
Danke.

Geisteskraft. Visualisieren Sie goldenes Licht, das in und um Ihren Wai Jiao herum strahlt.

Atemkraft. Atmen Sie ein und dehnen Ihren Bauch aus. Atmen Sie aus und ziehen Sie Ihren Bauch ein. Achten Sie darauf, dass Sie ruhig, gleichmäßig und natürlich einatmen und ausatmen. Denken Sie daran, dass die Länge beim Einatmen und Ausatmen von Ihrem persönlichen Befinden abhängt. Folgen Sie dem Weg der Natur.

Klangkraft. Wenn wir chanten, verbinden wir die Klangkraft mit der Atemkraft und einer weiterentwickelten Geisteskraft.

Schritt 1

a. Atmen Sie ein. Visualisieren Sie goldenes Licht, das von der Nase durch die Mitte Ihres Körpers hinunter zum Beckenboden fließt, wo es eine Kugel in Ihrem ersten Seelenhaus bildet.

b. Atmen Sie aus. Chanten Sie „You", den heiligen Ton des Wai Jiao und des Ming Men-Punktes. Gleichzeitig dreht sich die goldene Lichtkugel aus dem ersten Seelenhaus hinauf zum Ming Men-Punkt, wo sie sich dreht und explodiert.

c. Wiederholen Sie die Schritte 1a und 1b insgesamt sieben Mal.

Schritt 2

a. Atmen Sie ein. Visualisieren Sie goldenes Licht, das von der Nase durch die Mitte Ihres Körpers hinunter zum Beckenboden fließt, wo es eine Kugel in Ihrem ersten Seelenhaus bildet.

b. Atmen Sie aus. Chanten Sie „You You You." Die goldene Lichtkugel dreht sich aus dem ersten Seelenhaus hinauf zum Ming Men-Punkt, wo sie sich dreht und explodiert.

c. Wiederholen Sie die Schritte 2a und 2b insgesamt vier Mal.

Schritt 3

a. Atmen Sie ein. Die goldene Lichtkugel bildet sich in Ihrem ersten Seelenhaus.

b. Atmen Sie aus. Chanten Sie:

You Ya (ausgesprochen *Jou Ja*)
You Ya You Ya You (ausgesprochen *Jou Ja Jou Ja Jou*)
You Ya You Ya You
You Ya You Ya You Ya You
You Ya You Ya You Ya You Ya You

Atmen Sie beim Chanten dieser fünf Zeilen nach jeder Zeile schnell ein und visualisieren Sie die Drehung der goldenen Lichtkugel wie folgt:

Wenn Sie die Zeile 1 chanten, dreht sich die goldene Lichtkugel aus dem ersten Seelenhaus hinauf zum Ming Men-Punkt, dann hinunter durch den Kun Gong und zurück zum ersten Seelenhaus.

Wenn Sie die Zeilen 2 bis 5 chanten, dreht sich die goldene Lichtkugel aus dem ersten Seelenhaus hinauf zum Ming Men-Punkt, dann zum Kun Gong und zurück zum ersten Seelenhaus. Visualisieren Sie, wie die goldene Kugel sich in einem Kreislauf bewegt, wenn Sie am Ende jeder dieser Zeilen das „You" chanten. Sie gelangt vom ersten Seelenhaus durch ein unsichtbares Loch vor dem Steißbein in das Rückenmark, fließt dann über das Rückenmark zum Bereich des Hinterkopfs und in und durch das Gehirn hinauf zum siebten Seelenhaus. Von dort bewegt sie sich in Ihrer Nasenhöhle zurück zum Gaumen und dann durch das fünfte, vierte, dritte und zweite Seelenhaus zurück zum ersten Seelenhaus.

c. Wiederholen Sie die Schritte 3a und 3b insgesamt vier Mal.

Sie können laut oder im Stillen chanten. Sie üben am besten, indem Sie jedes Mal sowohl Yang, als auch Yin chanten.

Tao-Kalligrafiekraft. Zeichnen Sie Da Ai, Größte Liebe, oder Da Kuan Shu, Größte Vergebung, nach. (Siehe „Wie Sie weitere Tao-Kalligrafien finden, um Tao-Kalligrafiekraft anzuwenden" auf Seite 61 weiter oben.)

Wenn Sie nachzeichnen, wird das Nachzeichnen Ihre Körperkraft. Sie können das Nachzeichnen mit Geisteskraft, Klangkraft und/oder Atemkraft kombinieren, wenn Sie möchten, oder Sie können sich auch einfach nur auf das Nachzeichnen konzentrieren.

Abschluss. Beenden Sie Ihre Übungssitzung, indem Sie sagen:

Hao. Hao. Hao.
Danke. Danke. Danke.

જી જી ભ

In diesem Kapitel wurden die heiligen Übungen für die sieben Chakren (Seelenhäuser) und den Wai Jiao mit den sechs heiligen Tao-Krafttechniken angewendet, um sie selbst zu heilen und zu transformieren.

Üben Sie. Üben Sie. Üben Sie.

Erfahren Sie die Transformation.

10

Die Shen Qi Jing-Kanäle

WIE UNS DAS GESETZ des Shen Qi Jing lehrt, bestehen alle Lebewesen und Dinge aus Shen Qi Jing. Im menschlichen Körper gibt es einen Hauptkanal für jeden dieser drei Komponenten eines Wesens. Der Shen-Kanal ist der wichtigste Seelenkanal. Der Qi-Kanal ist der wichtigste Energiekanal. Der Jing-Kanal ist der wichtigste Materie-Kanal. Weil das eigene Shen Qi Jing verbunden ist und zusammenhängt, spielen alle drei eine entscheidende Rolle bei Selbstheilung und Transformation. Säubern, reinigen, stärken und erleuchten Sie die Shen Qi Jing-Kanäle für die Selbstheilung und Transformation aller Aspekte Ihres Lebens.

Der Qi-Kanal

Der Qi-Kanal ist der wichtigste Energiekanal des menschlichen Körpers. Siehe Abbildung 17.

Der Qi-Kanal beginnt beim Hui Yin-Akupunkturpunkt am Damm, unterhalb des ersten Seelenhauses. Er bewegt sich über den zentralen Kanal des Körpers durch das zweite, dritte, vierte, fünfte, sechste Seelenhaus hinauf zum Bai Hui-Akupunkturpunkt oben auf dem Kopf und unterhalb des siebten Seelenhauses. Von hier bewegt sich der Qi-Kanal durch den Wai Jiao hinunter und kehrt zum ersten Seelenhaus zurück. Der Wai Jiao ist der Körperraum vor der Wirbelsäule und der Körperraum im Kopf. Er ist der größte Körperraum. Siehe Abbildung 15 auf Seite 92.

Beachten Sie, dass der Qi-Kanal in eine Richtung fließt. Der entsprechende Qi-Fluss in diesem Kanal bewegt sich in der oben beschriebenen Richtung und wird durch die Pfeilspitzen in Abbildung 17 angezeigt.

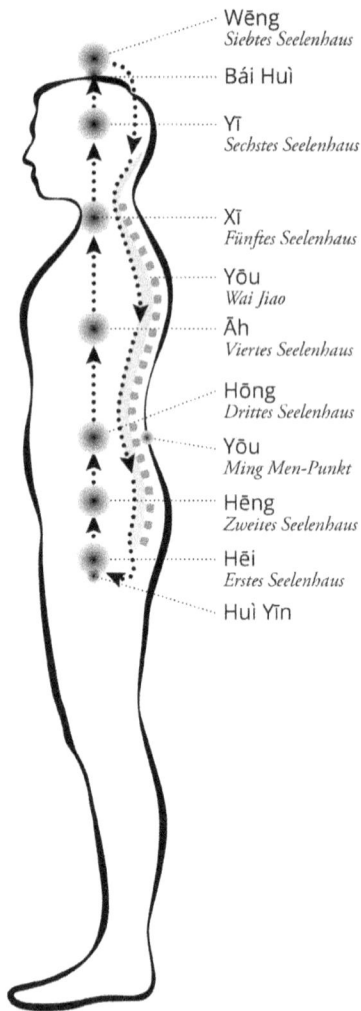

Wēng
Siebtes Seelenhaus

Bái Huì

Yī
Sechstes Seelenhaus

Xī
Fünftes Seelenhaus

Yōu
Wai Jiao

Āh
Viertes Seelenhaus

Hōng
Drittes Seelenhaus

Yōu
Ming Men-Punkt

Hēng
Zweites Seelenhaus

Hēi
Erstes Seelenhaus

Huì Yīn

Abbildung 17. Der Qi-Kanal

Der Qi-Kanal ist wesentlich für die Selbstheilung aller Krankheiten.

Das heilige und geheime Mantra des Qi-Kanals lautet:

Hei Heng Hong Ah Xi Yi Weng You
嘿哼哄啊唏噎嗡呦

Der Qi-Kanal ist der Verlauf der sieben Seelenhäuser, des San Jiao und des Wai Jiao. Hei Heng Hong Ah Xi Yi Weng You vereint auf diesem Weg alle geheimen Mantras. Darum reinigt und löst dieses Mantra nicht nur Shen Qi Jing-Blockaden aus dem Qi-Kanal auf, sondern löst darüber hinaus auch Shen Qi Jing-Blockaden aus allen Seelenhäusern, dem San Jiao und dem Wai Jiao auf und stärkt diese. Je mehr Sie das Mantra chanten, desto mehr Unterstützung erhalten Sie von dieser Leitbahn.

Der Jing-Kanal

Der Jing-Kanal ist der wichtigste Materiekanal im menschlichen Körper. Er verläuft in entgegengesetzter Richtung zum Qi-Kanal. Siehe Abbildung 18 unten.

Wie der Qi-Kanal beginnt der Jing-Kanal auch am Hui Yin-Akupunkturpunkt am Damm, bewegt sich nach oben und rückwärts zum Steißbein, dann durch ein unsichtbares Loch im Steißbein und verbindet sich mit dem Rückenmark. Er steigt dann durch das Rückenmark bis zum Gehirn auf und weiter zum Bai Hui-Akupunkturpunkt auf dem Schädeldach. Von dort bewegt er sich im zentralen Kanal durch das sechste, fünfte, vierte, dritte, zweite und erste Seelenhaus, um zum Hui Yin-Akupunkturpunkt zurückzukehren.

Der Jing-Kanal ist wesentlich für die Verjüngung und ein langes Leben.

Das heilige und geheime Mantra des Jing-Kanals lautet:

You Weng Yi Xi Ah Hong Heng Hei
呦嗡噎唏啊哄哼嘿

Wenn Sie *You Weng Yi Xi Ah Hong Heng Hei* chanten, reinigen Sie die heilige Leitbahn für Verjüngung und langes Leben. Weil der Qi-Kanal und der Jing-Kanal über ähnliche Leitbahnen verlaufen, kann das heilige Mantra des Jing-Kanals außerdem auch Shen Qi Jing-Blockaden auflösen und jedes Seelenhaus, den San Jiao und Wai Jiao stärken. Chanten Sie daher das Mantra des Jing-Kanals öfter, um mehr Unterstützung für diese grundlegenden Körperräume zu erhalten.

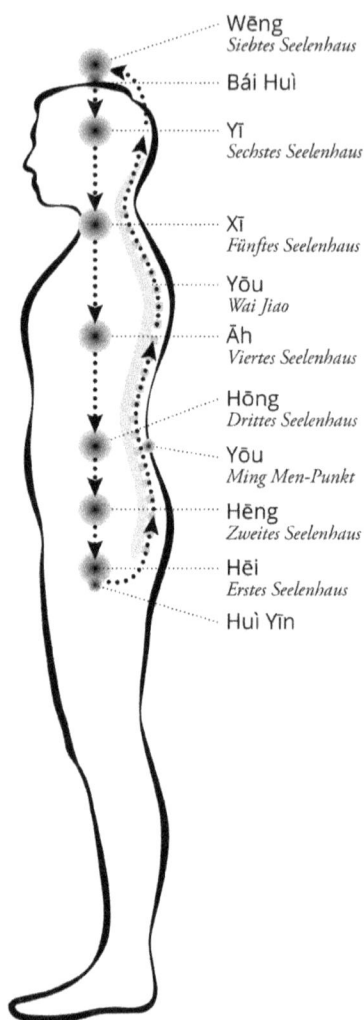

Abbildung 18. Der Jing-Kanal

Der Shen-Kanal

Der Shen-Kanal ist die Leitbahn der Unsterblichkeit. Er beginnt gleichzeitig an zwei Punkten: (1) am Bai Hui-Akupunkturpunkt unterhalb des siebten Hauses und (2) am Hui Yin-Akupunkturpunkt unterhalb des ersten Seelenhauses. Siehe nachstehende Abbildung 19.

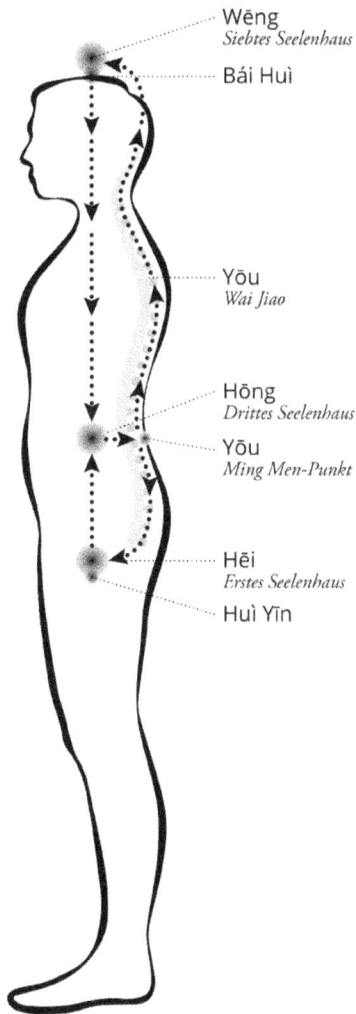

Abbildung 19. Der Shen-Kanal

Die Akupunkturpunkte Bai Hui und Hui Yin sind jeweils die Punkte, wo sich das gesamte Yang und das gesamte Yin des Körpers ansammelt. Wie Sie im vorherigen Kapitel gelernt haben, sind es die geheimen Mantren Weng und Hei, die diese zwei Punkte und die Seelenhäuser unterstützen.

Vom Bai Hui-Punkt auf dem Kopf und dem Hui Yin-Punkt am Beckenboden fließt der Shen-Kanal durch den zentralen Kanal hinunter vom siebten Seelenhaus und gleichzeitig vom ersten Seelenhaus hinauf, um direkt hinter dem Bauchnabel im dritten Haus mit dem geheimen Mantra Hong zusammenzutreffen. Von dort fließt er vereint zurück zum Ming Men-Akupunkturpunkt,[21] wo er sich dann aber aufteilt. Ein Teil geht in das Rückenmark und fließt aufwärts, um zum Bai Hui-Akupunkturpunkt zurückzukehren. Der andere Teil geht in das Rückenmark und fließt abwärts, zurück zum Hui Yin-Akupunkturpunkt. Alles mit dem geheimen Mantra You.

Darum ist das heilige und geheime Mantra des Shen-Kanals:

Weng Hei Hong You

嗡嘿哄呦

Das geheime Mantra Weng verbindet mit dem Himmel. Das geheime Mantra Hei verbindet mit Mutter Erde. Das geheime Mantra Hong verbindet mit den Menschen. Das geheime Mantra You verbindet mit dem Tao. Wenn Sie *Weng Hei Hong You* chanten, werden sich das Shen Qi Jing von Himmel, Mutter Erde, Mensch und Tao vereinen. Wenn Ren Di Tian Dao (*Mensch, Mutter Erde, Himmel, Tao*) sich vereinen, erlangt man Unsterblichkeit. Darum ist dieses geheime Mantra die Übung, um die Unsterblichkeit zu erlangen.

Kraft und Bedeutung der Shen Qi Jing-Kanäle

Ich werde die Kraft und Bedeutung dieser drei Kanäle zusammenfassen.

- Der Qi-Kanal ist für die Selbstheilung aller Krankheiten.
- Der Jing-Kanal ist für die Verjüngung und langes Leben.
- Der Shen-Kanal ist für die Unsterblichkeit.

Wenn Sie mit den Shen Qi Jing-Kanälen üben, gibt es keine Begrenzung. Sie können jedes Mal ein paar Minuten lang mit jedem Kanal üben. Sie können mit jedem Kanal dreißig Minuten, eine Stunde oder auch länger üben. Je länger Sie üben, desto mehr Unterstützung werden Sie erhalten.

---

[21] „Ming" bedeutet *Leben*. „Men" bedeutet *Tor*. Der Ming Men-Akupunkturpunkt ist das „Tor des Lebens". Er liegt am Rücken, direkt hinter dem Bauchnabel. Siehe Abbildung 15 auf Seite 92.

Üben Sie. Üben Sie. Üben Sie.

Machen Sie Ihre Erfahrung. Machen Sie Ihre Erfahrung. Machen Sie Ihre Erfahrung.

Lassen Sie uns jetzt die sechs heiligen Tao-Krafttechniken anwenden, um die Shen Qi Jing-Kanäle selbst zu heilen und zu transformieren.

Übungen mit den Shen Qi Jing-Kanälen für Selbstheilung und Transformation

Körperkraft. Legen Sie Ihre Hände in der „Yin Yang Handhaltung" auf Ihren Unterbauch unterhalb des Bauchnabels. Siehe Abbildung 16 auf Seite 98.

Seelenkraft. Sagen Sie „*Hallo*" zu Ihren inneren Seelen:

Liebe Seele Herz Geist Körper meiner Shen Qi Jing-Kanäle,
ich liebe euch, ehre euch und wertschätze euch.
Ihr habt die Kraft, meine Shen Qi Jing-Blockaden für die Selbstheilung,
Verjüngung, Lebensverlängerung und Entwicklung von Weisheit in allen
Aspekten meines Lebens zu reinigen und aufzulösen.
Ihr habt die Kraft, euch selbst vollständig zu öffnen und zu entwickeln.
Macht eure Sache gut.
Danke für euren Segen.
Ich bin sehr dankbar.

Sagen Sie „*Hallo*" zu äußeren Seelen:

Liebe Tao-Quelle und liebes Göttliche,
liebe Buddhas und Heilige (nennen Sie die Heiligen, an die Sie glauben),
lieber Himmel, liebe Mutter Erde und unzählige Planeten, Sterne, Galaxien
und Universen,
ich liebe euch, ehre euch und wertschätze euch.
Bitte vergebt meinen Ahnen und mir für all die Fehler, die wir in all unseren
Leben in Verbindung mit den Shen Qi Jing-Kanälen begangen haben.
Ich bedaure ernsthaft all diese Fehler.
Ich entschuldige mich von ganzem Herzen bei allen Seelen, die meine Ahnen
und ich auf diese Weise verletzt oder geschädigt haben.
Um Vergebung zu erhalten, werde ich bedingungslos dienen.
Zu chanten und zu meditieren ist Dienen.

Ich werde so viel chanten und meditieren, wie ich kann.
Ich werde bedingungslos dienen, so gut ich kann.
Ich vergebe bedingungslos jedem, der meine Ahnen oder mich in allen Leben
  verletzt oder geschädigt hat.
Ich bin äußerst dankbar.
Danke.

Geisteskraft. Visualisieren Sie goldenes Licht, das in und um das Gebiet strahlt, für das Sie Selbstheilung und Verjüngung bewirken möchten.

Atemkraft. Atmen Sie ein und dehnen Sie Ihren Bauch aus. Atmen Sie aus und ziehen Sie Ihren Bauch ein. Achten Sie darauf, dass Sie ruhig, gleichmäßig und natürlich einatmen und ausatmen. Denken Sie daran, dass die Länge beim Einatmen und Ausatmen von Ihrem persönlichen Befinden abhängt.

Klangkraft. Wenn wir chanten, verbinden wir die Klangkraft mit der Atemkraft und einer weiterentwickelten Geisteskraft. Schauen Sie sich das Video mit meinem Gesang an, das für diese Übung und alle wichtigen Übungen in diesem Buch für Sie aufgezeichnet worden ist.

Der Qi-Kanal

a. Atmen Sie ein. Visualisieren Sie goldenes Licht, das von der Nase durch die Mitte Ihres Körpers hinunter zum Beckenboden fließt, wo es eine Kugel in Ihrem ersten Seelenhaus bildet.

b. Atmen Sie aus. Chanten Sie „Hei Heng Hong Ah Xi Yi Weng You" (ausgesprochen *Hey Hong Hung Ah Schi Jie Wong Jou*). Gleichzeitig bewegt sich die goldene Kugel in der Leitbahn des Qi-Kanals, dreht sich im zentralen Kanal hinauf zum Bai Hui-Akupunkturpunkt und dann hinunter in den Wai Jiao, zurück zum ersten Seelenhaus.

c. Wiederholen Sie die obigen Schritte vier Mal.

Der Jing-Kanal

a. Atmen Sie ein. Visualisieren Sie das goldene Licht, das von der Nase durch die Mitte Ihres Körpers hinunter zum Beckenboden fließt, wo es eine Kugel in Ihrem ersten Seelenhaus bildet.

b. Atmen Sie aus. Chanten Sie „You Weng Yi Xi Ah Hong Heng Hei" (ausgesprochen *Jou Wong Jie Schi Ah Hung Hong Hey*). Gleichzeitig folgt die

goldene Kugel der Leitbahn des Jing-Kanals, dreht sich vom ersten Seelenhaus zurück zum Steißbein und in das Rückenmark; dann bewegt sie
sich über das Rückenmark nach oben und durch das Gehirn, hin zum
Bai Hui-Akupunkturpunkt. Danach bewegt sie sich über den zentralen
Kanal durch das sechste, fünfte, vierte, dritte und zweite Seelenhaus
nach unten, zurück zum ersten Seelenhaus.

c. Wiederholen Sie die obigen Schritte vier Mal.

Der Shen-Kanal

a. Atmen Sie ein. Das goldene Licht bewegt sich von Ihrer Nase durch Ihre
Körpermitte hinunter und bildet eine Kugel in Ihrem ersten Seelenhaus.

b. Atmen Sie aus. Chanten Sie „Weng Hei Hong You" (ausgesprochen
Wong Hey Hung Jou). Die goldene Kugel hat sich in zwei goldene Kugeln
aufgeteilt: einer ist am Bai Hui-Akupunkturpunkt unterhalb des siebten
Seelenhauses und einer am Hui Yin-Akupunkturpunkt unterhalb des
ersten Seelenhauses. Von diesen zwei Punkten aus bewegen sich die goldenen Kugeln im Shen-Kanal. Sie bewegen sich durch den zentralen Kanal vom siebten Seelenhaus nach unten und vom ersten Seelenhaus nach
oben, um sich im dritten Seelenhaus hinter dem Bauchnabel zu einer
Kugel zu vereinen.

Von dort bewegt sich die goldene Kugel direkt zurück zum Ming Men-
Akupunkturpunkt, wo sie sich in zwei Kugeln aufteilt, von denen eine
durch das Rückenmark hinauf zum Bai Hui-Akupunkturpunkt zurück-
kehrt und die andere Kugel durch das Rückenmark hinunter zum Hui
Yin-Akupunkturpunkt.

c. Wiederholen Sie die obigen Schritte vier Mal.

Sie können laut oder im Stillen chanten. Sie üben am besten, indem Sie jedes
Mal sowohl Yang, als auch Yin chanten.

Tao-Kalligrafiekraft. Zeichnen Sie *Da Ai*, Größte Liebe, oder *Da Kuan Shu*,
Größte Vergebung, nach. (Siehe „Wie Sie weitere Tao-Kalligrafien finden,
um Tao-Kalligrafiekraft anzuwenden" auf Seite 61 weiter oben.)

Wenn Sie nachzeichnen, wird das Nachzeichnen Ihre Körperkraft. Sie können das Nachzeichnen mit Geisteskraft, Klangkraft und/oder Atemkraft

kombinieren, wenn Sie möchten, oder Sie können sich auch einfach nur auf das Nachzeichnen konzentrieren.

Abschluss. Beenden Sie Ihre Übungssitzung, indem Sie sagen:

Hao. Hao. Hao.
Danke. Danke. Danke.

ဢ ဢ ଔ

Sie können jeden Tag fünf bis zehn Minuten üben. Sie können dreißig Minuten, eine Stunde oder länger üben. Es gibt keine zeitliche Begrenzung. Je länger Sie üben, desto mehr Unterstützung erhalten Sie.

Üben Sie. Üben Sie. Üben Sie.

Erfahren Sie die Transformation.

11

Anwendung der sechs heiligen Tao-Krafttechniken für die Heilung und Transformation von Beziehungen

B EZIEHUNGEN SIND EIN SEHR wichtiger Aspekt für die Menschen. Millionen von Menschen haben gute Beziehungen. Millionen von Menschen haben problematische Beziehungen.

Es gibt viele verschiedene Arten von Beziehungen, einschließlich der Beziehung zu einem Ehemann, einer Ehefrau, Kindern, Eltern, Großeltern, Vorgesetzten, Kolleg(inn)en und Freund(inn)en. Wir alle sind stark von Beziehungen zwischen verschiedenen Organisationen und Beziehungen zwischen Städten und Ländern beeinflusst. Einige andere äußerst wichtige persönliche Beziehungen sind die Beziehungen zu Ihren physischen spirituellen Lehrer(inne)n und zu Ihren spirituellen Vätern und Müttern und anderen spirituellen Führer(inne)n im Himmel.

Im Laufe eines Lebens kann ein Mensch mit vielen Blockaden in Beziehungen ringen. Einige Menschen haben Schwierigkeiten mit ihren Eltern. Einige haben Schwierigkeiten mit ihren Kindern. Einige Menschen haben Schwierigkeiten mit ihren Kolleg(inn)en oder ihren Vorgesetzten. Oft wundern sich Menschen darüber, warum sie diese Schwierigkeiten haben.

Man findet selten einen Menschen, der zu keinem Zeitpunkt seines Lebens mit einer Beziehung zu ringen hatte. Einige Menschen ringen ihr ganzes Leben mit ihren Beziehungen. Einige Menschen können niemals die wahre

Liebe finden und machen eine Scheidung oder Trennung nach der anderen durch. Einige Kinder werden von ihren Eltern missbraucht. Einige Eltern können von ihren Kindern missbraucht werden. Andere Menschen können von ihren Geschäftspartner(inne)n betrogen werden. Beziehungsprobleme kommen auf Mutter Erde sehr häufig vor.

Was ist die Hauptursache für Blockaden in Beziehungen? In einem Satz:

Die Hauptursache für Blockaden in Beziehungen ist negatives Shen Qi Jing aus diesem Leben und allen vergangenen Leben.

Sie haben die Kraft, negative Shen Qi Jing-Blockaden aus vergangenen Leben und diesem Leben in all Ihren Beziehungen aufzulösen. Entscheidend ist die Vergebung. Die Beziehungsfehler aus vergangenen Leben und in diesem Leben zu vergeben bedeutet, heilsam auf all Ihre Beziehungen zu wirken.

Die heilige Weisheit ist, dass Beziehungsblockaden sich hauptsächlich im Botschaftenzentrum (Herz-Chakra oder viertes Seelenhaus) ansammeln. Die Emotionen in allen Arten von Beziehungen auszugleichen bedeutet, das negative Shen Qi Jing von Beziehungsblockaden im Botschaftenzentrum selbst zu heilen und es in positives Shen Qi Jing zu transformieren.

Lassen Sie uns jetzt die sechs heiligen Tao-Krafttechniken mit Da Kuan Shu, größte Vergebung, anwenden, um heilsam auf Beziehungen zu wirken und sie zu transformieren. Ich möchte die Kraft und Bedeutung von Da Kuan Shu hervorheben:

Die zweite der Zehn Da-Qualitäten des Tao ist Größte Vergebung.
Ich vergebe dir.
Du vergibst mir.
Liebe, Friede und Harmonie.

Körperkraft. Legen Sie eine Handfläche auf das Botschaftenzentrum. Legen Sie die andere Handfläche auf den Unterbauch unterhalb des Bauchnabels.

Seelenkraft. Sagen Sie „*Hallo*" zu Ihren inneren Seelen und denen der anderen Person:

Liebe Seele Herz Geist Körper von mir selbst und von (nennen Sie die Person[en], mit der Sie eine Heilung und Transformation der

Beziehung benötigen) *und liebe Seele Herz Geist Körper meiner*
Beziehung(en) zu dir,
ich liebe euch, ehre euch und wertschätze euch.
Bitte vergib/vergebt meinen Ahnen und mir für all die Fehler, die wir in all
unseren.
Leben begangen haben und die dich/euch oder deine/eure Ahnen in irgendeiner
Weise verletzt oder beeinträchtigt haben.
Ich bedaure ernsthaft all diese Fehler.
Ich vergebe dir/euch und deinen/euren Ahnen vollkommen, vollends und
bedingungslos für jegliche Verletzungen und Beeinträchtigungen, die ich
oder meine Ahnen in all unseren Leben verursacht haben.
Danke.

Sagen „*Hallo*" zu äußeren Seelen:

Liebe Tao-Quelle und liebes Göttliche,
liebe Buddhas und Heilige (nennen Sie die Heiligen, an die Sie glauben),
lieber Himmel, liebe Mutter Erde und unzählige Planeten, Sterne, Galaxien
und Universen,
ich liebe euch, ehre euch und wertschätze euch.
Bitte vergebt meinen Ahnen und mir all die Fehler, Verletzungen und
Beeinträchtigungen, die wir in all unseren Leben in Verbindung mit
negativen Shen Qi Jing-Blockaden in allen Arten von Beziehungen
verursacht haben.
Ich entschuldige mich von ganzem Herzen bei dir/euch und allen Seelen, die
meine Ahnen und ich auf diese Weise verletzt oder geschädigt haben.
Um Vergebung zu erhalten, werde ich bedingungslos dienen.
Zu chanten und zu meditieren ist Dienen.
Ich werde so viel chanten und meditieren, wie ich kann.
Ich werde bedingungslos dienen, so gut ich kann.
Ich vergebe bedingungslos jedem, der mich oder meine Ahnen in allen Leben
verletzt oder geschädigt hat.
Ich bin äußerst dankbar.
Danke.

Geisteskraft. Visualisieren Sie, wie sich goldenes Licht mit Ihnen, Ihren Ahnen und den Menschen (oder Tieren, Organisationen, Städten, Ländern usw.) verbindet, von denen Sie Vergebung erbeten haben.

Atemkraft. Atmen Sie ein und dehnen Sie Ihren Bauch aus. Atmen Sie aus und ziehen Sie Ihren Bauch ein. Stellen Sie sicher, dass Sie ruhig, gleichmäßig und natürlich einatmen und ausatmen. Achten Sie darauf, dass die Länge beim Einatmen und Ausatmen von Ihrem persönlichen Befinden abhängt. Erzwingen Sie nichts. Der Weg der Natur ist der Beste.

Klangkraft. Wenn wir chanten, verbinden wir die Klangkraft mit der Atemkraft und einer weiterentwickelten Geisteskraft. Sehen Sie sich das Video zu dieser Übung mit meinem Gesang an.

Schritt 1

a. Atmen Sie ein. Visualisieren Sie goldenes Licht, das von der Nase durch die Mitte Ihres Körpers hinunter zum Beckenboden fließt, wo es eine Kugel in Ihrem ersten Seelenhaus bildet.

b. Atmen Sie aus. Chanten Sie „Kuan Shu" (ausgesprochen *Kuan Schu*). Visualisieren Sie gleichzeitig die Drehung der goldenen Lichtkugel aus dem ersten Seelenhaus hinauf zum Botschaftenzentrum (Herz-Chakra), wo sie explodiert und in alle Richtungen ausstrahlt.

c. Wiederholen Sie die Schritte 1a und 1b insgesamt sieben Mal.

Schritt 2

a. Atmen Sie ein. Goldenes Licht bewegt sich von Ihrer Nase den zentralen Kanal hinunter und bildet eine Kugel in Ihrem ersten Seelenhaus.

b. Atmen Sie aus. Chanten Sie „Kuan Shu Kuan Shu Kuan Shu." Visualisieren Sie gleichzeitig die Drehung der goldenen Lichtkugel aus dem ersten Seelenhaus hinauf zum Botschaftenzentrum, wo sie sich weiterhin dreht, explodiert und in alle Richtungen ausstrahlt.

c. Wiederholen Sie die Schritte 2a und 2b insgesamt vier Mal.

Schritt 3

a. Atmen Sie ein. Die goldene Lichtkugel bildet sich wieder in Ihrem ersten Seelenhaus.

b. Atmen Sie aus. Chanten Sie:

Kuan Shu (ausgesprochen Kwan Schu)
Kuan Shu Kuan Shu Kuan Shu
Kuan Shu Kuan Shu Kuan Shu

Kuan Shu Kuan Shu Kuan Shu
Kuan Shu Kuan Shu Kuan Shu Kuan Shu

Atmen Sie beim Chanten dieser fünf Zeilen nach jeder Zeile schnell ein und visualisieren Sie die Drehung der goldenen Lichtkugel wie folgt:

Wenn Sie die Zeile 1 chanten, dreht sich die goldene Lichtkugel aus dem ersten Seelenhaus hinauf in das Botschaftenzentrum (viertes Seelenhaus), dann hinunter durch den Kun Gong und zurück zum ersten Seelenhaus.

Wenn Sie die Zeilen 2 bis 5 chanten, dreht sich die goldene Lichtkugel aus dem ersten Seelenhaus hinauf in das Botschaftenzentrum (Herz-Chakra oder viertes Seelenhaus) und dann durch den Kun Gong zurück zum ersten Seelenhaus. Dann bewegt sich die goldene Kugel in einem Kreislauf. Sie gelangt aus dem ersten Seelenhaus durch ein unsichtbares Loch vor dem Steißbein in das Rückenmark, bewegt sich dann über das Rückenmark in und durch das Gehirn hinauf zum siebtes Seelenhaus auf Ihrem Kopf. Von dort bewegt sie sich in Ihrer Nasenhöhle zurück zum Gaumen und dann durch das fünfte, vierte, dritte und zweite Seelenhaus zurück zum ersten Seelenhaus.

c. Wiederholen Sie die Schritte 3a und 3b insgesamt vier Mal.

Sie können laut oder im Stillen chanten. Sie üben am besten, indem Sie jedes Mal sowohl Yang, als auch Yin chanten.

Tao-Kalligrafieraft. Zeichnen Sie *Da Kuan Shu*, Größte Vergebung, nach. (Siehe „Wie Sie weitere Tao-Kalligrafien finden, um Tao-Kalligrafiekraft anzuwenden" auf Seite 61 weiter oben.)

Wenn Sie nachzeichnen, wird das Nachzeichnen Ihre Körperkraft. Sie können das Nachzeichnen mit Geisteskraft, Klangkraft und/oder Atemkraft kombinieren, wenn Sie möchten, oder Sie können sich auch einfach nur auf das Nachzeichnen konzentrieren.

Abschluss. Beenden Sie Ihre Übungssitzung, indem Sie sagen:

Hao. Hao. Hao.
Danke. Danke. Danke.

ಇಲ ಇಲ ೧೮

So wenden Sie die sechs heiligen Tao-Krafttechniken mit Da Kuan Shu, Größte Vergebung, an, um heilsam auf Ihre Beziehungen zu wirken und sie zu transformieren.

Sie können fünf bis zehn Minuten lang üben. Sie können eine halbe Stunde oder eine Stunde lang üben. Es gibt keine zeitliche Begrenzung. Je länger Sie üben, desto mehr Unterstützung erhalten Sie.

Üben Sie. Üben Sie. Üben Sie.

Erfahren Sie die Transformation.

Anwendung der sechs heiligen Tao-Krafttechniken für die Selbstheilung und Transformation von Finanzen

D ENKEN SIE AN DIE AKTUELLE wirtschaftliche Lage auf Mutter Erde. Viele Menschen auf Mutter Erde sind sehr reich. Viele Menschen auf Mutter Erde sind sehr arm.

Denken Sie an die Menschen um Sie herum. Viele Menschen sind sehr intelligent. Vielleicht glauben Sie, sie sollten geschäftlich sehr erfolgreich sein, sind es aber vielleicht überhaupt nicht. Manche Menschen sind ungebildet. Sie sind vielleicht noch nicht einmal intelligent, aber sie sind sehr erfolgreich.

Warum leben manche Menschen in finanzieller Fülle? Die Grundursache ist positives Shen Qi Jing. Solch ein Mensch und seine Ahnen haben in ihren Leben große Tugend angesammelt. Sie haben in vergangenen Leben den Menschen sehr gut gedient. Für ihre guten Dienste mit Liebe, Fürsorge, Mitgefühl, Offenheit, Ehrlichkeit und mehr, erhielten sie Tugend.

Diese gute Tugend, die in der Akasha-Chronik aufgezeichnet ist (siehe Fußnote 19 auf Seite 91 für die Erklärung der Akasha-Chronik), wurde für diesen Menschen in diesem Leben in physisches Geld umgewandelt. Wenn dieser Mensch auch weiterhin in Güte dient, wird er oder sie auch in zukünftigen Leben in finanzieller Fülle leben. Ihre Nachfahren werden ebenfalls Fülle erleben.

Warum ringen andere Menschen mit schlechten finanziellen Umständen? Die Hauptursache ist negatives Shen Qi Jing. Solch ein Mensch und seine oder ihre Ahnen haben in ihren vergangenen Leben große Fehler begangen. Die Fehler wurden durch Tötung, Betrug, Diebstahl, Übervorteilung anderer und mehr verursacht.

Darum ist es für die Transformation der Finanzen entscheidend, die negativen Shen Qi Jing-Blockaden aufzulösen, die von Ihnen und Ihren Ahnen erschaffen worden sind und getragen werden.

Ich möchte Ihnen die heilige Weisheit und Übung mitteilen, um Ihre Finanzen zu transformieren. Ein Zentrum für Finanzen im Körper ist der Untere Dan Tian. (Siehe Fußnote 18 auf Seite 91 für die Erklärung des Unteren Dan Tian und siehe Abbildung 15 auf Seite 92, wo er sich befindet.)

Wir können das negative Shen Qi Jing der Finanzen im Unteren Dan Tian durch Anwendung der sechs heiligen Tao-Krafttechniken in positives Shen Qi Jing transformieren und selbst heilen.

Lassen Sie uns mit Da Chang Sheng, Größte Fülle, üben, um die Finanzen selbst zu heilen und sie zu transformieren. Ich möchte die Kraft und Bedeutung von Da Chang Shen noch einmal betonen.

Die siebte der Zehn Da-Qualitäten des Tao ist Größte Fülle.
Die Tao-Quelle verleiht großen Wohlstand, Glück und Erfolg.
Diene mit Güte, um Tugend anzusammeln.
Die Tao-Karriere erblüht.

Körperkraft. Legen Sie Ihre Hände in der „Yin Yang Handhaltung" (Abbildung 16) auf den Unterbauch unterhalb dem Bauchnabel über den Unteren Dan Tian.

Seelenkraft. Sagen Sie „*Hallo*" zu Ihren inneren Seelen:

> *Liebe Seele Herz Geist Körper meiner Finanzen,*
> *ich liebe euch, ehre euch und wertschätze euch.*

Bitte vergebt meinen Ahnen und mir für all die Fehler, die wir in all unseren
Leben begangen haben, die Lebewesen und Dinge finanziell oder in
irgendeiner Weise geschäftlich verletzt oder geschädigt haben.
Ich entschuldige mich zutiefst für all diese Fehler.
Auch Ihr habt die Kraft, euch selbst zu heilen und zu transformieren.
Bitte, heilt und transformiert (stellen Sie eine persönliche Bitte für Ihre
Finanzen oder Ihr Unternehmen).
Macht eure Sache gut.
Danke.

Sagen Sie „*Hallo*" zu äußeren Seelen:

Liebe Tao-Quelle und liebes Göttliche,
liebe Buddhas und Heilige (nennen Sie die Heiligen, an die Sie glauben),
lieber Himmel, liebe Mutter Erde und unzählige Planeten, Sterne, Galaxien
und Universen,
ich liebe euch, ehre euch und wertschätze euch.
Bitte vergebt meinen Ahnen und mir für all die Fehler, Verletzungen und
Beeinträchtigungen, die wir in all unseren Leben in Verbindung mit
negativen Shen Qi Jing-Blockaden im Bereich Finanzen oder Geschäften
verursacht haben.
Ich bedaure ernsthaft all diese Fehler.
Ich entschuldige mich von ganzem Herzen bei euch und allen Seelen, die
meine Ahnen und ich auf diese Weise verletzt oder geschädigt haben.
Um Vergebung zu erhalten, werde ich bedingungslos dienen.
Zu chanten und zu meditieren ist Dienen.
Ich werde so viel chanten und meditieren, wie ich kann.
Ich werde bedingungslos dienen, so gut ich kann.
Ich vergebe bedingungslos jedem, der meine oder meiner Ahnen Finanzen oder
Geschäfte in allen Leben verletzt oder geschädigt hat.
Ich bin äußerst dankbar.
Danke.

Geisteskraft. Visualisieren Sie goldenes Licht, das in und um die Bitte, die
Sie für die Transformation Ihrer Finanzen gestellt haben, herum strahlt.

Atemkraft. Atmen Sie ein und dehnen Sie Ihren Bauch aus. Atmen Sie aus
und ziehen Sie Ihren Bauch ein. Achten Sie darauf, dass Sie ruhig, gleichmäßig und natürlich einatmen und ausatmen. Denken Sie daran, dass die

Länge beim Einatmen und Ausatmen von Ihrem persönlichen Befinden abhängt. Folgen Sie dem Weg der Natur.

Klangkraft. Wenn wir chanten, verbinden wir die Klangkraft mit der Atemkraft und einer weiterentwickelten Geisteskraft. Sehen Sie sich das Video zu dieser Übung mit meinem Gesang an.

Schritt 1

a. Atmen Sie ein. Visualisieren Sie goldenes Licht, das von der Nase durch die Mitte Ihres Körpers hinunter zum Beckenboden fließt, wo es eine Kugel in Ihrem ersten Seelenhaus bildet.

b. Atmen Sie aus. Chanten Sie „Chang Sheng" (ausgesprochen *Tschang Scheng*). Visualisieren Sie gleichzeitig die Drehung der goldenen Lichtkugel aus dem ersten Seelenhaus zum Unteren Dan Tian, wo sie explodiert und in alle Richtungen ausstrahlt.

c. Wiederholen Sie die Schritte 1a und 1b insgesamt sieben Mal.

Schritt 2

a. Atmen Sie ein. Goldenes Licht fließt von Ihrer Nase den zentralen Kanal hinunter und bildet eine Kugel in Ihrem ersten Seelenhaus.

b. Atmen Sie aus. Chanten Sie „Chang Sheng Chang Sheng Chang Sheng." Visualisieren Sie gleichzeitig die Drehung der goldenen Lichtkugel aus dem ersten Seelenhaus zum Unteren Dan Tian, wo sie sich weiter dreht, explodiert und in alle Richtungen ausstrahlt.

c. Wiederholen Sie die Schritte 2a und 2b insgesamt vier Mal.

Schritt 3

a. Atmen Sie ein. Die goldene Lichtkugel bildet sich wieder in Ihrem ersten Seelenhaus.

b. Atmen Sie aus. Chanten Sie:

Chang Sheng (ausgesprochen *Tschang Scheng*)
Chang Sheng Chang Sheng Chang Sheng
Chang Sheng Chang Sheng Chang Sheng
Chang Sheng Chang Sheng Chang Sheng
Chang Sheng Chang Sheng Chang Sheng Chang Sheng

Atmen Sie beim Chanten dieser fünf Zeilen nach jeder Zeile schnell ein und visualisieren Sie die Drehung der goldenen Lichtkugel wie folgt:

Wenn Sie die Zeile 1 chanten, dreht sich die goldene Lichtkugel aus dem ersten Seelenhaus hinauf zum Unteren Dan Tian, dann weiter zum Kun Gong und zurück zum erstes Seelenhaus.

Wenn Sie die Zeilen 2 bis 5 chanten, dreht sich die goldene Lichtkugel aus dem ersten Seelenhaus hinauf zum Unteren Dan Tian, dann weiter zum Kun Gong und zurück zum ersten Seelenhaus. Dann bewegt sich die goldene Kugel in einem Kreislauf. Sie gelangt aus dem ersten Seelenhaus durch ein unsichtbares Loch vor dem Steißbein in das Rückenmark, bewegt sich dann über das Rückenmark und in und durch das Gehirn hinauf zum siebten Seelenhaus auf Ihrem Kopf. Von dort bewegt sie sich in Ihrer Nasenhöhle zurück zum Gaumen und dann durch das fünfte, vierte, dritte und zweite Seelenhaus zurück zum ersten Seelenhaus.

c. Wiederholen Sie die Schritte 3a und 3b insgesamt vier Mal.

Sie können laut oder im Stillen chanten. Sie üben am besten, indem Sie jedes Mal sowohl Yang, als auch Yin chanten.

Tao-Kalligrafiekraft. Zeichnen Sie *Da Ai*, Größte Liebe, oder *Da Kuan Shu*, Größte Vergebung, nach. (Siehe „Wie Sie weitere Tao-Kalligrafien finden, um Tao-Kalligrafiekraft anzuwenden" auf Seite 61 weiter oben.)

Wenn Sie nachzeichnen, wird das Nachzeichnen Ihre Körperkraft. Sie können das Nachzeichnen mit Geisteskraft, Klangkraft und/oder Atemkraft kombinieren, wenn Sie möchten, oder Sie können sich auch einfach nur auf das Nachzeichnen konzentrieren.

Abschluss. Beenden Sie Ihre Übungssitzung, indem Sie sagen:

Hao. Hao. Hao.
Danke. Danke. Danke.

৪ৡ ৪ৡ ৫ঌ

So wenden Sie die sechs heiligen Tao-Krafttechniken mit Da Chang Sheng, Größte Fülle an, um Ihre Finanzen selbst zu heilen und sie zu transformieren. Sie können fünf bis zehn Minuten lang üben. Sie können eine halbe Stunde oder eine Stunde lang üben. Es gibt keine zeitliche Begrenzung. Je länger Sie üben, desto mehr Unterstützung erhalten Sie.

Da Chang Sheng ist die siebte der Zehn Da-Eigenschaften des Tao. Sie können jede der anderen neun Da-Qualitäten auf die gleiche Weise anwenden, um Ihre Finanzen zu transformieren.

Üben Sie. Üben Sie. Üben Sie.

Erfahren Sie die Transformation.

Epilog

ALLE LEBEWESEN UND DINGE DER unzähligen Planeten, Sternen, Galaxien und Universen einschließlich der Menschen bestehen aus Shen Qi Jing. Shen beinhaltet Seele, Herz und Geist. In der Quantenforschung und der Tao-Wissenschaft wird die Seele Information und Botschaft genannt. Das spirituelle Herz ist der Empfänger der Botschaft. Geist ist der Prozessor der Botschaft. Qi, die Energie, ist der Antreiber der Botschaft. Jing, die Materie, ist der Transformator der Botschaft.

Shen Qi Jing bildet für ein Wesen ein Informations- oder Botschaftensystem. Die Seele lenkt das Herz. Das Herz lenkt den Geist. Der Geist bewegt die Energie. Energie bewegt die Materie.

Warum hat ein Mensch gute Gesundheit, gute Beziehungen und gute Finanzen? Das ist auf positives Shen Qi Jing zurückzuführen.

Warum hat ein Mensch Herausforderungen in der Gesundheit, in den Beziehungen oder Finanzen, sowie andere Herausforderung im Leben? Das ist auf negatives Shen Qi Jing zurückzuführen.

Dieses Buch lehrt sechs heilige Tao-Krafttechniken: Körperkraft, Klangkraft, Geisteskraft, Seelenkraft, Atemkraft und Tao-Kalligrafiekraft. Diese Techniken verbinden Sie mit dem Himmel, der Mutter Erde und den unzähligen Planeten, Sternen, Galaxien und Universen, sowie auch mit Heiligen aller Ebenen, um Ihnen das positive Shen Qi Jing der Tao-Quelle, des Himmels und Mutter Erde zu bringen. Es befähigt Sie, Ihr negatives Shen Qi Jing im Bereich Gesundheit, Beziehungen, Finanzen und allen Aspekten Ihres Lebens zu transformieren.

Es gibt eine wichtige altehrwürdige Weisheit: *Da Dao Zhi Jian* 大道至简. „Da" bedeutet *größte*. „Dao" ist die *Tao-Quelle*. „Zhi" bedeutet *äußerst*. „Jian" bedeutet *einfach*. „Da Dao Zhi Jian" bedeutet *Das größte Tao ist äußerst einfach*.

Alle Übungen in diesem Buch sind sehr einfach, sei es für die Selbstheilung der fünf Elemente, für die Selbstheilung Ihres mentalen und spirituellen Körpers, für die Selbstheilung Ihrer Seelenhäuser und des Wai Jiao, für die Selbstheilung Ihrer Shen Qi Jing-Kanäle, für die Selbstheilung Ihrer Beziehungen oder für die Selbstheilung Ihrer Finanzen. Manche können das kaum glauben. Üben Sie mit meinem Gesang in den Videos, die für Sie aufgezeichnet worden sind. Sie wissen nun, dass wir gute Forschungsergebnisse mit Menschen erzielt haben, die bemerkenswerte Selbstheilung und Transformation mit ähnlichen Techniken und Übungen erreicht haben. Wir haben hunderte herzergreifende und bewegende Ergebnisse, die Menschen durch die Übung mit diesen Methoden erzielt haben. Ich habe einige dieser Fälle aus unseren Forschungsstudien in einem Anhang zusammengestellt, der hier folgt.

Eine altehrwürdige Lehre besagt: *wenn du wissen willst, ob eine Birne süß schmeckt, probiere sie*. Meine aktuelle Weisheit lautet: *wenn Sie wissen wollen, ob etwas funktioniert, probieren Sie es selbst aus*.

In den letzten sieben Jahren habe ich den Menschen wiederholt mitgeteilt, dass die Anwendung der heiligen Tao-Krafttechniken in Verbindung mit dem Heilungsfeld der Tao-Kalligrafie der einfachste Weg ist, sich selbst zu heilen und zu transformieren. Ich sage immer:

Erfahren Sie die Transformation.

Ich wünsche allen Leser(inne)n, die mit diesen Techniken üben, dass Sie Ihre Gesundheit, Beziehungen und Finanzen transformieren und sich Ihre spirituelle Reise erhöht.

Üben Sie. Üben Sie. Üben Sie.

Erfahren Sie die Transformation.

Ich liebe mein Herz und meine Seele
Ich liebe die ganze Menschheit
Vereinet Herzen und Seelen
Liebe, Frieden und Harmonie
Liebe, Frieden und Harmonie

Anhang

Fallstudien für das Heilungsfeld der Tao-Kalligrafie

Von Dr. Med. Peter Hudoba, FRCS

FORSCHUNGEN ZU DEN AUSWIRKUNGEN von Übungen der Tao-Kalligrafie Heilungsfelder und der Tao-Kalligrafie Lichtfeldübertragungen wurden in den letzten Jahren in mehreren verschiedenen Studien durchgeführt. Ich möchte einige repräsentative Zwischenergebnisse einer von der „Sha Research Foundation" geförderten, aktuell in San Francisco laufenden Studie mitteilen, deren Forschungsleiter ich bin.

Die Studie wurde als eine vorausschauende Folgestudie konzipiert, die sich auf die Bewegungsmeditation der Tao-Kalligrafie konzentriert. Sie haben sie in diesem Buch gelernt: die Kalligrafiekraft durch das Nachzeichnen mit dem Dan (Unterbauch) und das gleichzeitige Chanten von Mantren (Klangkraft). Das *Institutional Review Board (IRB)* in Aurora, Ontario, Kanada genehmigte die Studie 2017, und sie begann im Januar 2018.

Die Studienteilnehmer(innen) kamen aus den USA und Kanada. Sie litten unter verschiedenen diagnostizierten Krankheiten oder emotionalen Leiden. Alle Teilnehmer(innen) erhielten persönliche Lichtübertragungen und eine oder mehrere Tao-Kalligrafie Lichtfeldübertragungen von Dr. und Master Zhi Gang Sha. Sie wurden angewiesen, täglich ein oder zwei Stunden lang Klangkraft und Tao-Kalligrafiekraft zu üben und auch Seelenkraft, Körperkraft und Geisteskraft mit einzubeziehen. Zusätzlich wurde zwei Mal die Woche eine dreißigminütige Gruppenübungssitzung angeboten,

147

die von erfahrenen Ausbilder(inne)n geleitet wurden. Die Teilnahme wurde nachdrücklich empfohlen, war aber freiwillig.

Die Anweisungen zu den von den Personen selbst durchzuführenden Übungen lauteten wie folgt:

- **Körperkraft.** Stellen oder setzen Sie sich bequem hin.
- **Geisteskraft.** Visualisieren Sie goldenes Licht in und um den erkrankten Bereich oder, bei emotionalen Beschwerden, das betreffende Organ.
- **Klangkraft.** Chanten Sie die passenden Mantren.
- **Seelenkraft.** Sagen Sie „Hallo", um Licht und Liebe für die Selbstheilung von den inneren Seelen und äußeren Seelen zu erbitten.
- **Tao-Kalligrafiekraft.** Zeichnen Sie so oft wie möglich im Stehen mit dem Dan nach. Oder setzen Sie sich hin und zeichnen Sie mit den fünf Fingerspitzen nach.

Die Teilnehmer(innen) wurden ermutigt, alle Behandlungen mit begleiteten konventionellen oder komplementären/alternativen Heilmethoden, an denen sie teilnahmen, fortzusetzen. Den Teilnehmer(inne)n wurde keine medizinische Diagnose oder Empfehlung erteilt.

Die meisten Ergebnisse in diesem Anhang stammen aus dem ersten Quartal 2019. Sie ist im Wesentlichen eine Zwischenuntersuchung nach einem Jahr. Aktuellere Informationen von einigen Teilnehmer(inne)n stehen so, wie in den Details angegeben, zur Verfügung. Die Studie läuft noch und wird 2020 enden.

Fall 1

- Frau mit Behinderung verursacht durch Endometriose im Stadium 4 mit ausgeprägten Adhäsionen im Beckenbereich, diagnostiziert im März 2011.
- Litt viele Jahre unter sehr starken Bauchschmerzen mit sehr schwerer Menstruation. Physisch eingeschränkt. Wurde depressiv, ängstlich und selbstmordgefährdet.
- Endometriose verursacht Adhäsionen im Sigmoid, Stuhlgang nicht möglich; musste sich selbst täglich einen Einlauf verabreichen.
- Wurde mit Lupron, einer Hormonersatztherapie und Verhütungsmitteln behandelt.

- Ein MRT im Februar 2014 zeigte große Ovarialzysten, Endometriose und Adhäsionen, die den Dickdarm einengten.
- Sie plante eine Hysterektomie und Entfernung der Eierstöcke.
- Im April 2014 erhielt sie eine Lichtübertragung von Dr. und Master Sha für ihre Endometriose. Fast sofort nach der Lichtübertragung empfand sie totalen Frieden und hatte keine Selbstmordgedanken mehr. Außerdem wurde ihr Schmerzniveau um neunzig Prozent gesenkt (ihre eigene Einschätzung). Ihr Schmerzniveau stieg später wieder bis zu einem gewissen Grad an, aber nie auf das ursprüngliche Niveau.
- Im Juli 2014 hatte sie eine Nachuntersuchung bei einem Chirurgen, der sagte, dass auf der Basis der letzten Tests eine Hysterektomie und Entfernung der Eierstöcke nicht nötig wären.
- Auch empfahl der Chirurg wegen früherer Nebenwirkungen ihre Medikamente (Lupron, Hormonersatztherapie, Verhütungsmittel) die Absetzung der Medikation und dass weitere Tests nur durchgeführt werden sollten, wenn irgendwelche der Symptome zurückkehren würden.
- Sie wendete sich an einen Ernährungsberater und begann eine Progesteronsalbe zu benutzen, die gegen die restlichen Symptome der Endometriose helfen sollte.
- Hat so oft sie konnte täglich die Tao-Kalligrafiekarte „Da Ai" nachgezeichnet und oft zusammen mit den Videos von Dr. und Master Sha zum Nachzeichnen des Tao-Kalligrafie Heilungsfelds geübt.
- Im Januar 2018 erhielt sie eine weitere Lichtübertragung von Dr. und Master Sha. Ihre Symptome verbesserten sich deutlich weiter.
- Sie erhielt 2019 viele Tao-Kalligrafie Lichtfeldübertragungen.
- Ihre Menstruation wurde weniger schwer und die damit verbundenen Schmerzen sind beinahe verschwunden.
- Ihr Übergewicht reduzierte sich.
- Ihre Verstopfung (ausgelöst durch die Verengung im Sigmoid), die einen täglichen Einlauf erforderlich gemacht hatte, hat sich um achtzig Prozent verbessert.
- Sie hat den stechenden Schmerz im Dickdarm nicht mehr, den sie früher immer während ihrer Periode hatte.
- Teilweise haben die Schmerzen in ihren Knien und im unteren Rückenbereich abgenommen und die starken Schwellungen ihrer Fußknöchel sind zurückgegangen.

- 2019 kehrte sie nach Jahren der Behinderung zu ihrer Arbeit als Bürogehilfin im Schulamt in Teilzeit zurück und wechselte später zu einer Arbeit in Vollzeit in einem anderen Büro, mit einem täglichen zweistündigen Weg zur Arbeit.
- Sie war auch zum ersten Mal seit Jahren in der Lage zu verreisen.
- Ihr Blutbild im Januar 2019 zeigte, dass beinahe alle Werte im normalen Bereich lagen.
- Röntgenaufnahmen im Dezember 2018 zeigten nur „minimale Anzeichen von Osteoarthrose".
- Ein im Dezember 2018 durchgeführter Ultraschall zeigte:
  - Adenomyose und Gebärmutter-Myome seit 2014 stabil
  - Die beidseitige Endometriose nahm seit 2014 ab

Fall 2

- Frau mit 2007 diagnostizierter chronischer lymphatischer Leukämie und autoimmunhämolytischer Anämie.
- Erhielt 2013 ersten persönlichen Lichtübertragungen von Dr. und Master Sha.
- Kurz danach begann sie 2013 sporadisch Übungen mit Meditation und Qi Gong. Ihr Zustand war stabil ohne Verschlechterung.
- Im April 2015 wurde sie sehr schwach, nachdem sie fünf Häuserblocks weit zu einer Bank gelaufen war und mit Atemnot weiter zur nächsten Notaufnahme eines Krankenhauses gegangen war.
- Sie wurde sofort mit einem HB von 22 g/l und einer Leukozytenzahl von 1070 auf die Intensivstation gebracht.
- Ein CT-Scan zeigte eine vergrößerte Milz, vergrößerte Lymphknoten und einen Tumor an der Leber.
- Sie wurde auf der Intensivstation eine Woche lang mit einer Chemotherapie, Prednison und Transfusionen behandelt. Nach ihrer Entlassung nahm sie nur fünf Monate lang Prednison.
- Als sie die Intensivstation im Mai 2015 verließ, bekam sie dreimonatige Tao-Kalligrafie Lichtübertragungen über die Ferne.
- Sie begann sowohl täglich Tao-Kalligrafie, als auch andere Meditation und Qi Gong zu üben.
- Im September 2015 (fünf Monate nach Entlassung aus der Intensivstation) konsultierte sie wieder einen Spezialisten. Ihre Leukozytenzahl war von 1070 auf 99 gefallen.

- Sie hörte auf Prednison zu nehmen und Transfusionen (gegen Anämie) zu erhalten.
- Im Mai 2016 wurde sie wieder von einem Spezialisten untersucht: Leukozytenzahl 103, HB 117 g/l. Beachten Sie, dass sie diese verbesserten Ergebnisse ohne Chemotherapie oder Transfusionen erzielte.

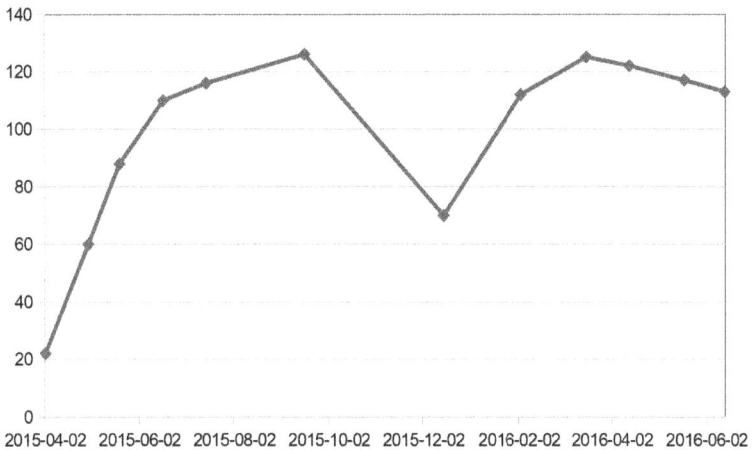

Blutbild, rote Blutkörperchen

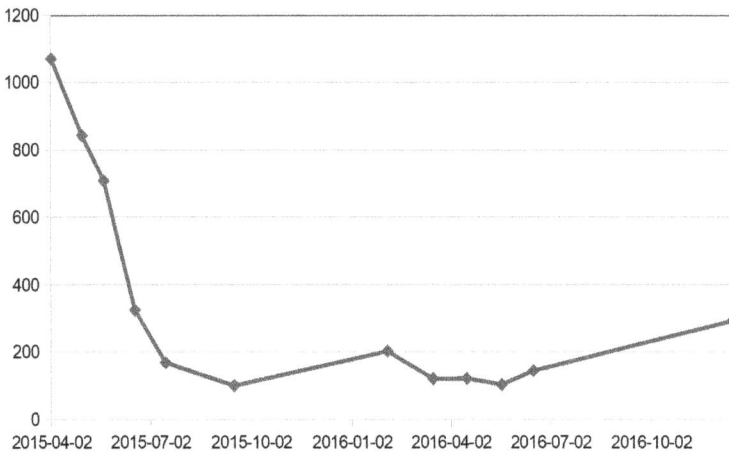

Blutbild, weiße Blutkörperchen

- Im März 2017 (beinahe zwei Jahre nach der Entlassung aus der Intensivstation) ist sie immer noch bei guter Gesundheit, ist positiv eingestellt und mit ihrer Krankheit im Reinen, fühlt sich emotional ausgeglichen, fühlt gute Energie und Ausdauer und kann alle normalen Tätigkeiten des täglichen Lebens ausführen.
- Sie plant, ein Geschäft zu eröffnen.

Fall 3

- Frau. Als sie 5 Jahre alt war, starb ihre Mutter beinahe. Die Teilnehmerin entwickelte eine intensive Sozialphobie, körperliche Schmerzen (Nervenkrämpfe im Darm), intensive Wut und Gefühle der Abgetrenntheit und Bindungslosigkeit. Das wurde noch schlimmer, als ihr Vater stark zu trinken begann.
- Als Erwachsene litt sie täglich unter nächtlicher Angst und wachte völlig erschöpft und verängstigt mit Herzrasen, Atemnot und in kaltem Schweiß gebadet auf.
- Sie litt auch unter einer allgegenwärtigen Trauer über ihr Kindheitstrauma.
- Sie führt täglich insgesamt ungefähr anderthalb Stunden lang grundlegende Übungen mit Vergebung, Chanten und Tao-Kalligrafie aus.
- Im Januar 2018 erhielt sie Lichtübertragungen aus dem Tao-Kalligrafie Heilungsfeld und dauerhafte Lichtfeldübertragungen von Dr. und Master Sha. In der nächsten Nacht konnte sie ohne nächtliche Angst die ganze Nacht durchschlafen. Sie sagte: „Der Schlaf war wirklich friedlich."
- Seitdem hat sie für ihr Problem mehrere zusätzliche Tao-Kalligrafie Lichtfeldübertragungen erhalten.
- Seit November 2019 kann sie problemlos einschlafen und hat keine Albträume mehr. Sie wacht frisch und ausgeruht auf.
- Die Symptome wie Furcht/Angst, Herzschmerzen, Schweißausbrüche und Aufwachen durch Albträume sind vollständig verschwunden.
- Sie hat keine Angst mehr vor dem Einschlafen.
- Sie fühlt Freude und Glück, was sie für unglaublich hält.

Fall 4

- Diese 78-jährige Frau leidet unter einer genetischen Störung: überschüssiger Dickdarm.
- Ihr langer Darm wickelt sich im rechten und linken Quadranten um sich selbst, was zu einem teilweisen Darmverschluss führt.
- Sie litt ihr Leben lang unter leichter Verstopfung.
- 2015 erkrankte sie im Ausland an Amöbenruhr.
- Seitdem hatte sie mehrfach Unterbauchschmerzen, nahm deutlich an Gewicht ab, hatte schlimme Verstopfung und Blähungen.
- Zu ihrer Medikation gehörten auch Hyoscyamin und Linzess.
- Wurde im Januar 2018 in die Studie aufgenommen und erhielt einleitend Lichtübertragungen und Tao-Kalligrafie Lichtfeldübertragungen.
- Erhielt im September 2019 weitere Lichtfeldübertragungen und Lichtübertragungen für verschiedene Organe, Organsysteme und Energiezentren.
- Übt täglich ungefähr zwei Stunden.
- Zum ersten Mal in ihrem Leben hat sie keine Verstopfung.
- Der teilweise Darmverschluss ist völlig verschwunden.
- Das Gefühl von Blähungen ist zu neunzig Prozent verschwunden.
- Die Schmerzen sind stark zurückgegangen.
- Fühlt sich friedlich, dankbar und tolerant.
- Ist in der Lage, sich vollständig um ihre Immobilien, ihre Vermietungen und ihren Garten zu kümmern und hilft sogar ihren älteren Mietern und ihrer behinderten Schwester.

Fall 5

- 2013 litt diese heute 35-jährige Frau unter sich zunehmend verschlimmernden Kopfschmerzen und begann, auf dem rechten Ohr das Gehör zu verlieren.
- Untersuchungen zeigten keinen neurologischen Ausfall, abgesehen vom Gehörverlust.
- 2013 wurde bei einem MRT ein Vestibularis-Schwannom, 20 x 21 mm, diagnostiziert.
- 2014 wuchs der Tumor auf 27 mm an, der ihr operativ entfernt wurde.

- Der Chirurg ließ einen Rest von 5 mm auf dem Gesichtsnerv zurück, um den Nerv zu erhalten.
- 2017 zeigte ein MRT, dass dieser Rest auf 10 mm angewachsen war.
- Ihr wurde eine radiochirurgische Gamma-Knife-Prozedur angeboten, aber sie entschied sich dagegen.
- Die Medikation umfasste Schmerzmittel und Dexamethason.
- Sie ging zu mehreren Energieheilern.
- Nachdem sie Dr. und Master Sha getroffen hatte, begann sie, wo sie auch war, täglich zwischen dreißig Minuten und sechs Stunden Tao-Kalligrafie, Vergebung und Chanten zu üben.
- Im September 2019 bekam sie eine persönliche Beratung von Dr. und Master Sha und erhielt die Auflösung einiger negativer Shen Qi Jing-Blockaden.
- Sie erhielt auch zwei dauerhafte Lichtfeldübertragungen für ihr Problem sowie Lichtfeldübertragungen für Gehirn, Herz, Leber, Nieren, Ohrennerven, zentrales Nervensystem, Immunsystem, endokrines System, Verdauungssystem und Lymphsystem.
- Wartet auf die Ergebnisse des MRT vom Oktober 2019.
- Fühlt sich sensibler und fühlt stärkere Energien und Schwingungen im Körper.
- Fühlt sich wirklich erleichtert; der Druck im Kopf hat abgenommen.

Fall 6

- Diese 66-jährige Frau litt unter Wutausbrüchen, Brechreiz, Morgenübelkeit, einem steifen linken Knie, seit dreizehn Jahren an grauem Star und seit drei Jahren an einem Bänderriss im rechten Bizeps.
- Bei Aufnahme in die Studie im Januar 2018 erhielt sie Lichtübertragungen und eine Lichtfeldübertragung, um die Wut selbst zu heilen.
- Sie übte mit Tao-Kalligrafiekraft und Klangkraft (Chanten).
- Im Juli 2019 berichtete sie:
  - Der graue Star verbesserte sich sechs Monate nach den Lichtübertragungen, wurde vor Kurzem aber wieder schlimmer.
  - Die Beschwerden durch den Bänderriss im Bizeps nahmen ab.
  - Die Wutausbrüche sind an Häufigkeit und Schwere um zwanzig bis dreißig Prozent zurückgegangen.
  - Morgenübelkeit und Erbrechen haben völlig aufgehört.

Fall 7

- Frau, 55 Jahre.
- 2017 Diagnose auf Burnout durch exzessiven Stress (lange Arbeitszeiten und anstrengende Pflege von Familienmitgliedern).
- Litt unter Gedächtnisverlust und Konzentrationsschwierigkeiten.
- In stressigen Situationen begann sie zu stottern und konnte nicht mehr normal sprechen.
- Entwickelte Schlafstörungen.
- Die Verrichtung vieler Aufgaben und Tätigkeiten dauerten länger als normal.
- Entwickelte hohen Blutdruck bei stressigen Ereignissen und ihr wurde schwindelig.
- Verschreibung von Candecor comp. und Escitalopram (gegen Depression) und Lercanidipin (gegen hohen Blutdruck).
- Wurde von ihrem Arbeitgeber 2017 entlassen.
- Die täglichen Übungen beinhalteten das Nachzeichnen und Chanten von Tao-Kalligrafien; ging auch zu Gruppenübungssitzungen zum Tao-Kalligrafie Heilungsfeld.
- Erhielt zu Beginn ihrer Teilnahme an der Studie im Januar 2018 Lichtübertragungen und dauerhafte Lichtfeldübertragungen.
- Ihre Konzentrationsfähigkeit hat sich verbessert.
- Das Stottern hat sich deutlich verbessert; spricht jetzt normal.
- Ein Jahr später (Anfang 2019) hatten sich ihre Depressionssymptome so weit gebessert, dass sie ihre Antidepressiva absetzen konnte.
- Anderthalb Jahre später (Spätfrühling 2019) setzte sie ihre Bluthochdruckmedikation ab.
- Sie ist bei ihrer Arbeit immer noch wegen Burnout krankgeschrieben.

Fall 8

- Die 57-jährige Frau litt seit vierunddreißig Jahren, seit sie vierzehn war, an Agoraphobie mit Panikattacken.
- Mit Agoraphobie bezeichnet man die Angst in Situationen, in denen die Person ihre Umgebung als unsicher und ohne Möglichkeit zu entkommen wahrnimmt. Zu diesen Umgebungen können öffentliche Plätze, öffentliche Verkehrsmittel und Einkaufszentren gehören oder einfach das Wegsein von zu Hause.

- Ihr emotionaler Schmerz war normalerweise bei 8 auf einer Skala von 0 (keine Angst) bis 10 (höchste, unerträgliche Angst).
- Angst beeinflusste ihre Fähigkeiten zurechtzukommen und ist dann am stärksten, wenn sie draußen unter anderen Menschen ist. Sie kann zum Beispiel kein Auto fahren.
- Sie hat auf der erfolglosen Suche nach einer Lösung Naturheiler, Psychologen, Kräuterkundige, Akupunkteure, kognitive Verhaltenstherapeuten und andere Heiler konsultiert und Vitaminzusätze eingenommen.
- Als sie an der Studie teilnahm, und auch danach, erhielt sie mehrere Auflösungen von negativen Shen Qi Jing-Blockaden und zahlreiche Tao-Kalligrafie Lichtfeldübertragungen.
- Sie hat ihre Selbstheilungsübungen, einschließlich Vergebung und dem Nachzeichnen und Chanten von Tao-Kalligrafie, täglich anderthalb Stunden durchgeführt.
- Seit November 2019:
  - fühlt sie sich insgesamt besser
  - findet sie es viel einfacher, mit wenig oder keiner Angst unter und mit Menschen zu sein
  - ist sie emotional stabiler und ist insbesondere weniger wütend
  - ist es ihr tatsächlich möglich, sich zu entspannen
  - ist sie sich ihres Verhaltens bewusster und versucht bewusst, sich zu bessern

Fall 9

- Die 70-jährige Frau litt unter Arthritis mit Entzündungen am ganzen Körper. Sie hatte muskuloskelettale Probleme an Hals, Rückgrat, Schultern, Hüften, Knien und allen Gelenken.
- Die Arthritis begann vor fünfundvierzig Jahren in ihren Knien.
- Sie hat schmerzhafte Entzündungen in den Handgelenken. Die Entzündung und der Schmerz waren zeitweilig so intensiv, dass sie sich nicht selbst versorgen, normal gehen oder auch nur die leichtesten Gegenstände tragen oder festhalten konnte.
- Als ihr ganzer Körper entzündet gewesen war, konnte sie ihr Haus nicht mehr verlassen.

- Hüftschmerzen kamen auf, weil ihre Hüften sich durch die Entzündung falsch ausrichteten. Die Muskeln verspannten sich, um die Unausgeglichenheit in ihrer Haltung und ihrem Gang auszugleichen, was zu chronischen und mitunter spastischen Muskelschmerzen führte.
- Zu ihrer täglichen Medikation gehören Entzündungshemmer und Plaquenil 200 mg.
- Sie hat auch bei traditioneller chinesischer Medizin, Kräuterkunde, Akupunktur und Kräutertees nach Erlösung gesucht.
- Nachdem sie 2010 Dr. und Master Shas Seelenheilungssystem kennenlernte, hat sie Auflösungen von negativen Shen Qi Jing-Blockaden und verschiedene Lichtfeldübertragungen erhalten.
- 2010 erhielt sie Lichtübertragungen von Dr. und Master Sha für ihre geschwollenen Knie. Die Schwellung verschwand beinahe sofort und ist nicht wiedergekehrt.
- Sie übte Vergebung, das Nachzeichnen von Tao-Kalligrafien und Chanten.
- Im Dezember 2018 war ihr Rheumatologe so angetan von ihren Verbesserungen, dass er die Dosierung von Plaquenil von 200 mg auf 100 mg reduzierte.
- Eine aktuelle Röntgenaufnahme (Januar 2020) zeigte degenerative Veränderungen an den Händen und Füßen. Es gab keinen radiografischen Hinweis auf eine entzündliche Arthrose.
- Sie kann sich jetzt komplett bewegen, einschließlich der Hände und kann ihren Hals drehen, der sich vorher manchmal wie festgewachsen angefühlt hatte.
- Sie hat jetzt keine Hüft- und Muskelschmerzen mehr.

Fall 10

- 1984 wurde bei diesem 50-jährigen Mann das „Gay Lymphknotensyndrom" diagnostiziert und es wurde mit dem akuten Einsetzen einer HIV-Infektion gerechnet.
- 1986 wurde er als HIV positiv bestätigt.
- In den frühen 1990ern wurde ihm die AIDS-Diagnose mitgeteilt, da die Anzahl seiner T-Lymphozyten unter 200 gefallen war.
- 1990 begann er eine Monotherapie.

- 1996 kam er mit einer mit AIDS in Zusammenhang stehenden Pneumonie, und weil die Anzahl der T-Lymphozyten bei 7 lag, ins Krankenhaus.
- 1997 begann er eine antiretrovirale Kombinationstherapie.
- Nach 1997 erhöhte sich die Anzahl seiner T-Lymphozyten wieder auf einen mittleren 500er Bereich und seine Gesundheit stabilisierte sich.
- 2006 traf er Dr. und Master Sha und begann mit der Anwendung von Seelenkraft und erhielt Lichtübertragungen.
- Er hat die antiretrovirale Therapie fortgesetzt, aber auch unzählige Lichtfeldübertragungen erhalten.
- Er übte täglich mit Selbstheilungsmeditationen und dem Nachzeichnen von Tao-Kalligrafie.
- 2013 kehrte die Anzahl der T-Lymphozyten in einen völlig normalen Bereich (über 700) zurück, in dem sie auch blieb.
- Er erfreut sich immer noch stabiler Gesundheit und führt ein völlig aktives Leben, einschließlich Vollzeitarbeit.

ಠಿ ಠಿ ಡಿ

Die allgemeine Schlussfolgerung aus dieser Forschungsstudie, aus der wir die obige Auswahl an Fällen zusammengestellt haben, kann so zusammengefasst werden:

- Meditation mit dem Nachzeichnen von Tao-Kalligrafie, einschließlich Körperkraft, Seelenkraft, Geisteskraft und Klangkraft, war leicht zu lernen, wurde gut angenommen und es ergaben sich keine Komplikationen.

- Die Ergebnisse dieser Studie bestätigten die Wirksamkeit der Kombination von Lichtfeldübertragungen positiver Informationen und Botschaften und dem Nachzeichnen von Tao-Kalligrafie mit konventioneller medizinischer Behandlung.

Über den Autor

D R. UND MASTER ZHI Gang Sha ist ein weltbekannter Heiler, transformatorischer Denker und Lehrer, Tao-Großmeister, weltweiter Humanist und Schöpfer von Tao-Kalligrafie Heilungsfeldern, sowie Ausbilder von tausenden Soul Healers und Soul Teachers. Er ist der Begründer der *Soul Mind Body Medicine*™, einem abgeschlossenen Seelenheilungssystem, und der Tao-Wissenschaft, „die Wissenschaft der Schöpfung und großen Vereinigung". Er veröffentlichte auch Bücher zu diesen Themen. Dr. und Master Sha hat 26 Bücher in englischer Sprache geschrieben, davon sind 11 aus der Buchreihe Soul Power und der Buchreihe Heart and Soul *New York Times*-Bestseller.

Er wurde in China als Arzt der westlichen Medizin und als Doktor der traditionellen chinesischen Medizin in China und Kanada ausgebildet. Dr. und Master Sha ist der Gründer der *Tao-Academy*™ und der *Love Peace Harmony Foundation*™, die sich dafür einsetzt, Familien weltweit dabei zu helfen, ein glücklicheres und gesünderes Leben zu führen. Als Großmeister vieler altehrwürdiger Disziplinen, einschließlich Tai Chi, Qi Gong, Kung Fu, *I Ching* und Feng Shui, wurde Dr. und Master Sha beim 5. Weltkongress des Qi Gong zum Qi Gong-Meister des Jahres gewählt.

2006 wurde Dr. und Master Sha mit dem prestigeträchtigen „Dr. Martin King Jr. Commemorative Commission Award" für seine humanitären Bemühungen ausgezeichnet. 2016 erhielt er die seltene und angesehene Ernennung zum Shu Fa Jia (書法家 Nationaler Chinesischer Kalligrafie-Meister) und Yan Jiu Yuan (研究員 Ehrenwerter Forschungsprofessor) der Staatlichen Ethnischen Akademie für Malerei in China. Es sind dies die höchsten Auszeichnungen, die ein chinesischer Kalligraf erhalten kann.

www.ingramcontent.com/pod-product-compliance
Lightning Source LLC
Chambersburg PA
CBHW021402090426
42742CB00009B/969